U0898660

中国儿童发展报告 2017

反贫困与儿童早期发展

中国发展研究基金会

图书在版编目（CIP）数据

中国儿童发展报告．2017：反贫困与儿童早期发展/中国发展研究基金会著．—北京：中国发展出版社，2017.12

ISBN 978－7－5177－0128－6

Ⅰ．①中…　Ⅱ．①中…　Ⅲ．①少年儿童—研究报告—中国—2017　Ⅳ．①D432.5

中国版本图书馆CIP数据核字（2017）第309947号

书　　　名：中国儿童发展报告．2017：反贫困与儿童早期发展
著作责任者：中国发展研究基金会
出 版 发 行：中国发展出版社
（北京市西城区百万庄大街16号8层　100037）
标 准 书 号：ISBN 978－7－5177－0128－6
经　销　者：各地新华书店
印　刷　者：北京市密东印刷有限公司
开　　　本：889mm×1194mm　1/16
印　　　张：10
字　　　数：210千字
版　　　次：2017年12月第1版
印　　　次：2017年12月第1次印刷
定　　　价：48.00元
联 系 电 话：（010）68990642　68990692
购 书 热 线：（010）68990682　68990686
网 络 订 购：http：//zgfzcbs.tmall.com//
网 购 电 话：（010）68990639　88333349
本 社 网 址：http：//www.develpress.com.cn
电 子 邮 件：fazhanreader@163.com

《中国儿童发展报告2017》课题组名单

顾　问：

李　伟　国务院发展研究中心主任、中国发展研究基金会理事长

项目负责人：

卢　迈　中国发展研究基金会副理事长兼秘书长

项目协调人：

方　晋　中国发展研究基金会副秘书长

主报告作者：

汪三贵　中国人民大学农业与农村发展学院教授

张　力　教育部教育发展研究中心原主任

杨一鸣　中国发展研究基金会儿童发展中心主任

背景报告作者：

韦　钰　中国工程院院士、原教育部副部长

卢　迈　中国发展研究基金会副理事长兼秘书长

王振耀　深圳国际公益学院院长

霍军生　中国疾病预防控制中心研究员

王　莉　北京大学副教授

方建锋　上海教育科学研究院研究员

杜智鑫　中国发展研究基金会儿童发展中心执行主任

项目执行人：

杜智鑫　中国发展研究基金会儿童发展中心执行主任

序 言

刚刚结束的中国共产党第十九次全国代表大会，提出了在全面建成小康社会的基础上分两步走全面建设社会主义现代化强国的新目标，开启了中国现代化建设的新征程。中国建成现代化的强国，不仅将消除贫困，而且城乡区域发展差距也显著缩小，全体人民共同富裕基本实现，这是非常宏伟的目标，也是十分艰巨的任务，需要付出艰苦不懈的努力。

在改革开放近40年的时间里，中国已发展为世界第二大经济体，人均GDP从1978年的153美元，增长到2016年的8123美元，7亿多人口摆脱贫困，对全球减贫贡献率超过70%；中国在较短时间建立了广覆盖的社会保障体系，人均预期寿命从1949年的35岁提高到2015年的76.34岁；在1990年处于低人类发展水平组别的47个国家中，中国目前是唯一进入高人类发展水平组的国家。但是，中国发展的任务依然相当艰巨，发展面临的挑战依然相当严峻。中国现在仍是一个13亿多人口的发展中大国，人均GDP刚超过8000美元，排在世界第80位左右。到2016年底，中国还有4300多万贫困人口需要脱贫，这些人口普遍贫困程度深，内生发展动力和能力弱，不仅自身受教育程度和健康水平低，而且也不重视或者没有条件为下一代子女提供良好的教育、健康条件，具有明显的贫困代际传递趋势。

进一步推进脱贫攻坚，需要采取力度更大、更有针对性、更具长远意义的解决措施。投资儿童发展尤其是对贫困地区儿童发展进行积极的投资和政策干预，在儿童成长的早期就为其一生的健康成长奠定坚实基础，是从根本上消除贫困的代际传递，缩小城乡区域发展差距，实现反贫困和共同富裕目标的重要战略举措，是功在当代、利在千秋的伟大事业。

当前，世界各国政府和有关国际组织都在为反贫困和儿童发展而积极努力。各国大量的政策实践和最新科学研究表明：人力资本开发是反贫困的重要手段，儿童早期发展是人力资本开发的重要突破口。对儿童发展投资越早，收益越早，回报越高。2015年，联合国《2030年可持续发展议程》将发展普惠有质量的学前教育列为重要内容，并首次提出到2030年，所有儿童都能获得优质幼儿发展、看护和学前教育，为接受初级教育做好准备。这意味着世界各国都要加大对儿童早期发展的投资，尤其要更多关注和帮助全球数千万最贫困儿童，使他们能够平等而又尊严地享受到有质量的学前教育，分享全球发展成果。

中国共产党和政府高度重视儿童发展。改革开放以来特别是党的十八大以来，在以习近平同志为核心的党中央正确领导下，中国坚持“儿童优先”原则，加快法治建设，强化政府责任，儿童发展取得了巨大成就。儿童健康、营养状况持续改善，2015 年，婴儿死亡率为 8.1‰，5 岁以下儿童死亡率为 10.7‰，分别比 2010 年下降 5 个和 5.7 个千分点。儿童教育普及程度持续提高，2016 年九年义务教育巩固率达 93.4%，学前三年毛入园率达到 77.4%。儿童资助政策体系不断完善，儿童福利保障制度逐步向普惠性转变。

但是，受各种因素的影响，儿童发展仍然面临诸多问题与挑战，儿童事业发展还不平衡，城乡区域发展差距大的趋势没有根本扭转，特别是集中连片特殊困难地区的儿童，在健康、营养、教育等方面的发展水平明显低于全国平均水平，这些儿童由于家庭贫困、抚养人教育水平低、公共服务不完善而缺乏适当的营养、必要的养育和教育机会，陷入多维贫困，无法充分分享发展成果，这是让人十分担忧和揪心的事情。

儿童早期发展聚焦儿童健康、营养、教育，不仅对于反贫困事业具有决定性意义，也是现阶段亟待平衡发展、充分发展的民生事业。当前，中国特色社会主义进入新时代，社会主要矛盾已经转化为人民日益增长的美好生活需要和不平衡不充分的发展之间的矛盾。儿童发展既寄托着亿万家庭对美好生活的期望，也决定着国家未来和民族希望，可以说一头连着民生福祉，一头连着国家发展。近年来，随着我国经济平稳较快发展，人民生活水平不断提升，亿万家庭对儿童发展的重视前所未有，需求快速释放，儿童发展已经成为现实的民生问题摆在人们面前，这也为儿童事业快速发展创造了良好条件和现实可能。同时儿童事业发展不平衡不充分的问题也十分突出，不仅贫困地区发展不足，发达地区也存在很大的发展短板。对此，我们一方面要积极鼓励社会力量面向家庭和社会，提供儿童发展服务，极大满足人民群众多层次、多样化的需求，更重要的工作还是，政府要集中精力加大对贫困地区儿童早期发展的投入，保障贫困儿童基本的发展需求，在这点上，我们说，其他的事情都可以等，唯有孩子的事情不能等。

国务院发展研究中心所属的中国发展研究基金会长期关注反贫困与儿童早期发展，不仅积极组织开展相关研究，也重视通过社会试验推动政策实践，做出了积极贡献。从 2007 年开始，基金会先后在青海、云南、贵州、湖南、新疆、陕西等 10 省（区）的 20 个县（市）开展儿童发展试验，试验内容包括学前供餐、婴幼儿营养改善、学前教育、早期养育、学校营养餐、中等职业教育等多个领域，覆盖从孕期到就业各个阶段，并对儿童成长进行了全程跟踪研究。这些试验不仅使试验地区儿童直接受益，而且基于试验形成的关于义务教育阶段农村学校营养餐、营养包、山村幼儿园等多份政策建议报告，受到中央领导和有关部门的高度重视，部分建议已变成国家政策。

呈现在读者面前的这本报告是中国发展研究基金会近年来组织开展反贫困与儿童早期发展研究和社会试验的主要成果。报告秉承“优先儿童发展　促进社会公平发展”的理念，立足中国实际，借鉴国际经验和学术前沿理论，深入研究了反贫困与儿童早期发展领域的若干重大理论和政策问题，不少研究很有针对性和开创性。我认为，研究是全面认真扎实的，所提的建议是重要而具有建设性的。

我期待这本研究报告的出版，能够对中国的反贫困与儿童早期发展起到积极的促进作用，能够对国内外读者了解中国的儿童发展和政策取向有所帮助。儿童发展事业是伟大、高尚的事业，作为中国发展研究基金会出版的第一本《中国儿童发展报告》，有的研究还是初步的，我希望将这项工作持续做下去，形成年度系列报告，对儿童早期发展领域开展更持久深入的研究，也希望社会各界能够予以关注和支持。

李伟

国务院发展研究中心主任

中国发展研究基金会理事长

2017年12月11日

致　谢

改革开放将近40年，中国的儿童发展取得了巨大的进步，提前实现了新千年的发展目标，普及了9年义务教育，学前教育快速扩展，婴幼儿死亡率大幅下降，儿童健康不断改善。中国政府和社会在这方面的努力和成绩得到国际社会的高度赞扬。可以说，持续的儿童发展奠定了中国的人力资本基础，而快速的经济发展又为进一步投资和深化人力资本提供了资源和机会。看不到上述成就和未来机遇，就容易导致对中国人力资本状况的误读和误判，进而对中国的未来发展产生诸多疑虑。当前我们需要对中国儿童发展和人力资本状况的清晰解读和新共识。

尽管成绩显著，但是正像习近平总书记在中国共产党第十九次代表大会报告中指出的，进入中国特色社会主义新时代，我国社会主要矛盾已经转化为“人民日益增长的美好生活需要和不平衡不充分的发展之间的矛盾”。这个主要矛盾也包括和体现在我国的儿童发展方面。不充分主要表现在在学前教育和0～3岁的儿童早期养育还是短板。不平衡主要表现在城乡地区之间还存在着极大的儿童发展水平差异。发展必须为了人，依靠于人。中国过去30多年的经济增长，很大程度上是依靠市场机会的开放以及基于比较优势的国际分工取得的。那么，在城市进程加速、人口老龄化和劳动力短缺、信息化和智能化社会到来、城乡和区域发展差距巨大的情况下，我们依靠什么来支持发展？答案在于持续地投资于人，尤其是投资儿童发展。中国正处于实现现代化和中华民族伟大复兴的历史进程中，我们今天所培养的儿童将成为2050年建设现代化强国的主力军，因此需要提早规划、提早布局。过去几十年来的科学研究表明，儿童早期是大脑发育和能力形成的敏感期。早期为儿童提供充分的营养、学习刺激和经验积累，将促进大脑结构和功能发育，为以后的学习、应对挑战、社会交往和情感发展奠定良好基础。儿童发展投入越早，其成本越低、回报越高。每个儿童只有一个婴儿期，在当前脱贫攻坚的决战期，错过了对贫困地区儿童干预的最佳时期，会影响他们未来的发展和一生可以达到的高度，而当这些儿童是数以百万计时，对国家和社会来说就是重大损失。在这个问题上任何犹豫迟疑都是缺乏远见的。从努力阻断贫困代际传递，促进社会公平，为未来积累丰厚的人才和人力资本出发，我们认为要优先儿童发展、重视早期、城乡联动、重点解决贫困地区儿童发展。首先，加快户籍城镇化的进程，让流动人口的子女也能够享受到城市的教育卫生服务。其次，随着人口的增加，城市要努力改善学前教育、托儿教育和早期养育，补上短板，加大投入。最后也是极为迫切的是，贫困地区儿童发展应该成为脱贫攻坚的一个重要组成部分，要早投资、多投资，通过建立全程干预、全面保障的儿童发展来阻断贫困代际传递。

在上述背景下，中国发展研究基金会于2016年初启动了这项大型综合研究，历时两年完成了这份报告。本报告的完成，得益于全体课题组成员的辛勤投入以及众多专家学者的鼎力支持。中国人民大学农业与农村发展学院教授汪三贵、教育部教育发展研究中心原主任张力、中国发展研究基金会儿童中心主任杨一鸣作为主报告作者，用深厚的理论积淀、长期积累的政策实践经验，对现实问题的准确把握和严谨的治学精神，为报告的顺利完成奠定了坚实的基础。

儿童早期发展是个跨学科的领域，这份报告也是多学科合作的产物。为了使报告的分析具有坚实的基础和广阔的视角，中国发展研究基金会先后组织召开了多次专家座谈会和报告讨论会，并委托高校、研究机构和政府相关部门的政策实践者撰写了6份背景报告。这些背景报告及作者分别是:《中国的反贫困与儿童早期发展》（卢迈、杜智鑫)、《儿童早期发展与神经科学研究》（韦钰)、《中国贫困地区0-6岁儿童发展情况》（霍军生)、《西部儿童发展状况报告》（王莉)、《贫困地区学前教育现状及政策建议》（方建锋)、《贫困地区儿童早期发展与治理》（王振耀)。这些座谈会和背景报告中的很多建议和资料已经为本报告采纳。能和这样一批优秀的专家合作，我本人感到非常荣幸，并在此表示衷心感谢。

中国发展研究基金会为报告的完成投入了大量的财力和物力。副秘书长方晋领导项目团队出色地完成项目的组织和写作工作。杜智鑫、李绍平很好地完成了项目的具体组织工作，同时还承担了资料搜集整理、辅助性研究和后期的修改完善工作。基金会儿童中心同志参加了报告各章节修改工作：第一章（杜智鑫)、第二章（梁博娇)、第三章（史丽佳、徐憬秋)、第四章（刘蓓)、第五章（武志平)、第六章（高山俊健)、第七章（卜凡)、第八章（杜智鑫)。对外联络部的吴巍做了大量的报告筹资工作。

葛兰素史克（中国）投资有限公司为本报告的撰写提供了慷慨资助。

值此报告付梓之际，谨代表中国发展研究基金会，对全体课题组成员以及为报告的顺利完成提供支持和帮助的单位及个人表示诚挚的感谢!

中国发展研究基金会副理事长兼秘书长 卢迈

2017年12月2日

目　录

引　言

“一年之计，莫如树谷；十年之计，莫如树木；终身之计，莫如树人。一树一获者，谷也；一树十获者，木也；一树百获者，人也。”

——《管子·权修》

改革开放以来，中国经济社会快速发展，目前已成为世界第二大经济体和中等人类发展水平国家。在发展中国家中，中国第一个提前实现千年发展目标——贫困人口比例减半。儿童营养和健康状况持续改善，受教育机会更加平等。中国为全球反贫困和儿童发展事业做出了积极贡献。

但是，由于中国经济社会发展的不平衡，儿童发展还面临一系列重大挑战。儿童发展水平城乡差距和区域差距大，在贫困地区表现得尤其突出。2016 年，中国还有 4335 万贫困人口，约 20% 是儿童（0～15 岁）。这 20% 的贫困儿童由于家庭贫困而缺乏适当的营养、养育和教育机会，陷入多维贫困，无法充分分享发展成果；部分非贫困家庭的儿童由于留守和忽视等方面的原因也处于多维贫困状况。具体表现为抚养人早期养育理念和知识缺乏，喂养不科学，重要营养素不足，缺乏关爱和促进儿童早期发展的关键刺激，学前教育阶段入园率低等，由此造成发育迟缓，认知落后，心理不健康，社会情感发展水平低。更为重要的是，2016 年中国新生人口 1786 万，如果没有政府有效的干预措施和公共服务，其中又将有大约 300 万人落入多维贫困、缺乏机会的恶性循环中。这种状况必须得到及时改变，才能缩小城乡和区域之间儿童发展的鸿沟，从起点上维护和促进社会公平。

投资儿童早期发展，是消除贫困的重要途径。过去几十年来的科学研究表明，儿童早期是大脑发育和能力形成的敏感期，需要足够的营养和养育刺激。个体 87% 的脑重和 80% 的能力形成于生命前 1000 天。早期为儿童提供充分全面的营养、学习刺激和经验积累，将促进大脑结构和功能发育，为以后的学习、应对挑战、社会交往和情感发展奠定良好基础。儿童发展投入越早，其成本越低、回报越高。全球多个干预项目的跟踪研究显示，儿童早期发展阶段每投入 1 美元，将获得 4.1 ~9.2 美元的回报；在美国，这一回报在 7 ~16 美元之间。包括发达国家和发展中国家在内的各国实践表明，投资儿童发展尤其是早期综合干预是全球减贫十分有效重大举措。

儿童早期发展与可持续发展正在成为发展共识。2015 年，联合国通过了《2030 年可持续发展议程》，首次将儿童早期发展纳入其中。中国政府也提出了“到 2020 年消除绝对贫困，全面建成小康社会”的宏伟目标。2010 年以来，中国政府先后制定实施《中国儿童发展纲要（2011 - 2020 年）》《国家贫困地区儿童发展规划（2014 - 2020 年）》《中国落实 2030 年可持续发展议程国别方案》《“十三五”脱贫攻坚规划》《“健康中国 2030”规划纲要》等，将国家保护与关爱儿童的意志上升为国家战略与发展规划。中国正在探索一条符合自身国情的儿童发展与反贫困之路。这将有助于中国促进社会公平，短期可减少儿童疾病、营养不良和养育成本，增加贫困家庭的净收入和综合福祉；长期则有助于积累人力资本，提升劳动生产率，减少未来贫困、犯罪、失业等一系列经济与社会问题。

投资一个孩子，会改变其一生乃至整个家庭的命运；投资一代人，会改变一个国家乃至人类社会的未来。本报告明确提出“阳光起点”儿童早期发展战略，强调把儿童早期发展置于优先位置，积极借鉴各国有益经验，努力阻断贫困代际传递，促进社会公平，为未来积累丰厚的人才和人力资本。战略内容包括：建立全程干预、全面保障的贫困地区儿童早期发展体系，加大对贫困地区儿童的营养健康、养育和学前教育方面的综合投入，确保儿童早期发展项目能覆盖到所有儿童、母亲及其他看护者；积极实施孕妇营养包项目、母乳喂养项目、婴幼儿营养包项目、幼儿园营养午餐计划；建立家访型、中心型和家访结合中心型等多种模式的早期养育体系；开展山村幼儿园计划，建立可及、普惠和有质量的贫困地区学前教育体系；完善政府直接提供服务和向社会力量购买服务相结合的机制，倡导和鼓励企业、社会组织、家庭和媒体积极参与贫困地区儿童发展事业；加强贫困地区儿童早期发展的研究和政策评估。

本报告的愿景是：2020 年，集中连片特殊困难地区儿童整体发展水平基本达到或接近全国平均水平，发展差距显著缩小；2030 年，建成普惠和有质量的儿童早期发展体系，每个儿童都能享有一个“阳光起点”，实现《2030 年可持续发展议程》目标。

第一章

反贫困与儿童早期发展

消除贫困是全球关注的重要议题和目标，而投资儿童早期发展是消除贫困的根本途径。儿童是人口中最脆弱的群体，儿童贫困的发生率要远高于其他群体，贫困儿童是贫困人口的重要组成部分。同时，贫困之所以会发生，很大程度在于儿童早期发展投资不足所造成的能力不足。国际最新研究和经验表明，儿童早期发展至关重要，是个人能力形成的关键时期。儿童早期发展投资是回报率最高的社会投资。在国家竞争力日益取决于人力资本积累的今天，儿童早期发展应该成为国家反贫困战略和可持续发展的重要组成部分。

一、儿童早期发展的重要意义

近几十年来，来自发育心理学、认知科学、神经科学、人类学、经济学以及对儿童早期实验项目评测的研究结果，汇集在一起，得出了十分一致和重要的结论：儿童早期发展不仅影响着个体发展的状态，而且影响到他们一生发展的轨迹，甚至影响到他们的后代。

（一）儿童早期是大脑和能力形成的关键期

国际研究表明，儿童早期是个人能力形成的关键时期，这种能力发展的根本基础是大脑的发育。大脑在儿童早期发展最为迅速。分娩前的4个月到分娩后40个月，是婴幼儿视觉听觉能力、语言能力、对符号和数字的认知能力、情感控制能力发展的敏感期，约80%的相关能力在此期间形成。从出生到2岁的时候，在人脑重量不断增加的同时，每秒钟有100万个神经突触连接发生（见图1.1）。3岁幼儿的神经细胞突触连接是成人的2倍，3岁时，87%的脑重都已形成。大脑发育遵循层级机制，更高级的结构和能力建立在早期基础之上。早期发育不良会妨碍独立意识、社会认知、情绪控制等高级能力的发展（见图1.2）。

是什么决定了大脑的发育？目前主流的研究认为，基因和环境两个因素同等重要，对儿童发展起着决定性的作用。在儿童的发展中，基因犹如一台“动力机器”，而环境则是控制这台机器的“开关”和“调节器”。正是丰富的早期经验（包括感知觉的经验、语言的经验、学习的经验等），改变了儿童的基因表达、塑造了儿童的能力和发展。基因和环境在个体的发展过程中是以

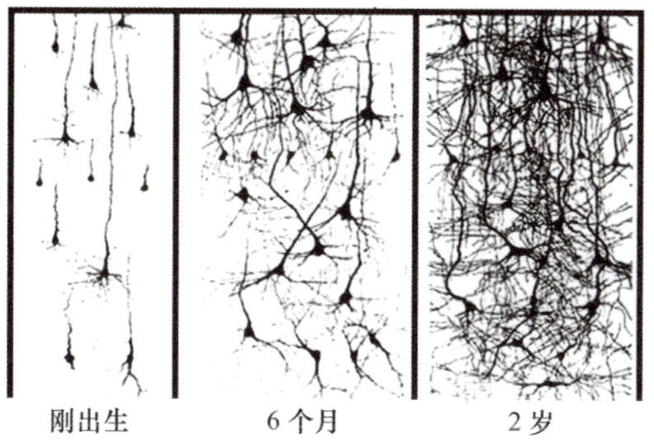

图 1.1 每秒钟 100 万个神经元细胞突触连接发生

资料来源：Conel，JL. The postnatal development of the human cerebral cortex. Cambridge，Mass：Harvard University Press，1959. From：https：//developingchild. harvard. edu/wp-content/uploads/2017/03/Five-Numbers-to-Remember-About-Early-Childhood-Development-updated. pdf。

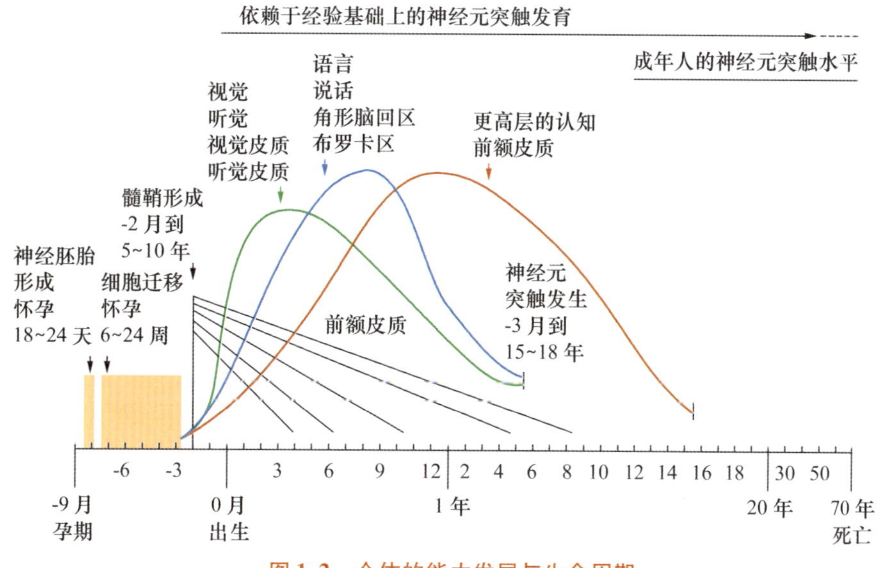

图 1.2 个体的能力发展与生命周期

资料来源：Thompson and Nelson（2001）。

动态的方式共同起作用的。这两个因素都极可能成为人类潜能和发展的源泉，也可能成为威胁和障碍的源泉。同时，两者对个体所造成的影响都是可干预的。

充足的营养和积极的儿童早期养育会促进大脑和能力的发展。首先，早期营养对大脑的发育非常重要。大脑在妊娠期和婴儿期是一个“耗能大户”，人体从食物中吸收的脂肪、蛋白质、维生素和矿物质等能量的 50% ~75% 都是被它所消耗。营养为大脑提供能源，刺激神经元连接，缓冲压力对大脑产生的不利影响。其次，早期养育对大脑同样重要。安全和值得依赖的环境以及抚养人不断的语言和互动刺激，能为婴幼儿提供关爱和温暖的照顾，提供安全感、敏感的互动并在亲子之间进行更多的探索。充足的营养、正确和积极的刺激、关爱、安全感等因素协同作用，就能积极影响神经通路的形成和结合，从而使大脑得到正常发育，帮助儿童释放所有的潜能。有研究表明，不同的家庭背景和儿童的日常亲子经验会产生儿童词汇学习方面的巨大差异。在18个月时，孩子的词汇量出现差异，到36个月时，父母大学毕业家庭的儿童掌握的词汇是1200个，工薪家庭的儿童掌握的词汇是近600个，父母依靠救济金生活家庭的儿童掌握的词汇不足400个（见图1.3）。也就是说，到36个月时，高社会经济地位的家庭儿童和工薪家庭、福利救济家庭儿童有了2~3倍的词汇学习差异（Hart，B.，& Risley，T. 1995）。

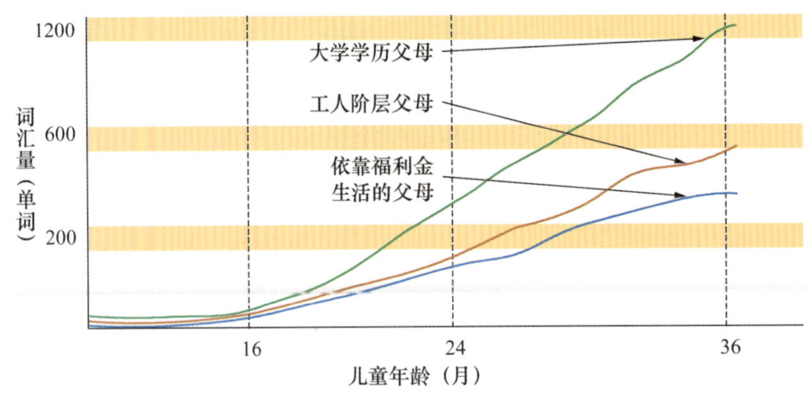

图1.3　在18个月时，孩子在词汇量上出现差异

资料来源：Hart，B.，& Risley，T. （1995）. Meaningful differences in the everyday experiences of young American children. Baltimore，MD：Brookes.

不利的儿童早期环境和经历则会阻碍大脑的正常发育和能力的形成。有相当多的婴幼儿每天都面临大量风险因素，生活在困境之中。典型的风险因素包括营养不良、父母有心理问题、家庭暴力、缺乏关爱等。这些相关的、积累性的危险因素严重影响婴幼儿的大脑发育，从而导致早期发育的迟缓，并可能导致将来个人和社会双方的巨大代价。研究表明，在生命的最初3年，儿童面临的风险因子越多，就越容易发展迟缓，面临的风险因子在4~5个时，50%~60%的可能会发生发育迟缓；面临6~7个风险因子的时候，90%~100%的可能会发生发育迟缓（见图1.4）。2000年启动的罗马尼亚布加勒斯特早期干预项目表明，一些很早就脱离家庭、进入集体养育机构成长的儿童，以及因家庭贫困、破裂或是父母教养知识贫乏而无法得到合格养育者的儿童，即使他们有了基本的营养供给和安全的照料，但是如果缺乏连续可靠的和养育者之间的社会性互动，没有合格负责任的养育者，就会显著影响他们大脑的发展。长期处于这种情况的儿童，会对一些以依恋关系为前提的能力发展造成伤害，也很容易陷入有毒害的应激状态。

大脑发育敏感期的存在表明存在机会之窗。个人能力的形成是一个动态过程，“能力产生能力”。如果儿童在生命早期没有形成良好的能力，那么成年后，他（她）在社会经济生活中失败的可能性更大。政府和社会对弱势儿童的生命周期采取干预措施越晚，弥补不良后果所付出的代价就越高。如果社会及早对儿童生命周期采取连贯一致的干预措施，将促进弱势儿童的认知和社会情感能力的发展，并增进健康和幸福。这些社会干预的积极效果将通过各种渠道渗透到生命周

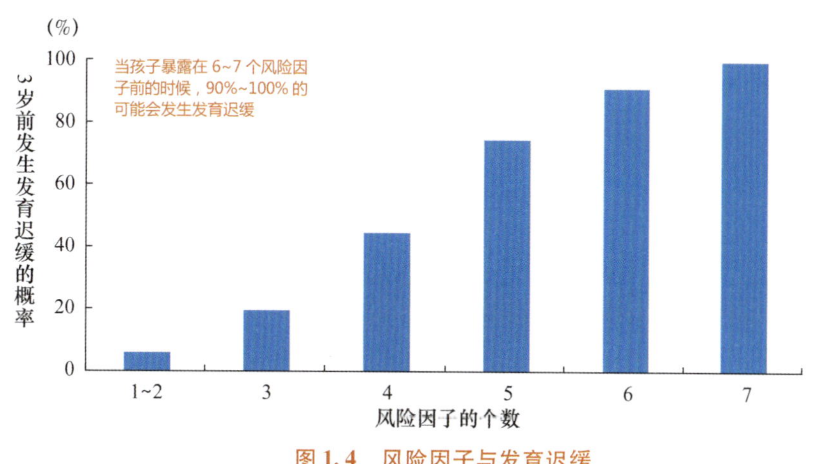

图1.4 风险因子与发育迟缓

资料来源：Barth et al.（2008）

期全过程，并在代际间传递。这些干预措施同时也提高劳动生产率，具有较高的成本效益和投资回报率。有质量的儿童早期政策是为数极少、无需平衡平等和效率关系的社会政策之一。因此，人们应该在生命周期最初阶段就投资，而不是与之相反（中国发展研究基金会，2013）。

（二）投资儿童早期发展是回报率最高的社会投资

儿童发展投入越早，其成本越低、回报越高。儿童早期发展投资是具有最高回报率的投资（见表1.1）。全球多个干预项目跟踪研究显示，儿童早期发展阶段每投入1美元，将获得4.1~9.2美元的回报；在美国，这一回报在7~16美元之间。

表1.1 三项美国学前计划的成本收益率

	每名儿童总收益（美元）	每名儿童总成本（美元）	每名儿童净收益（美元）	收益—成本比率	内部回报率（%）
佩里计划参与者40岁时跟踪研究（2000年美元不变价）	244811	15166	99682	16.14	18
芝加哥CPC计划（1998年美元不变价）	47759	6692	41067	7.14	10
卡罗莱纳初学者计划（2002年美元不变价）	135546	35864	99682	3.78	7

资料来源：世界银行，2010年。

投资儿童发展也比投资青年和成人教育培训更有效，学校教育阶段和成人继续教育阶段的投资回报分别只有2∶1和3∶1（Carneiro，P.，and J. Heckman，2003）（见图1.5）。

经合组织2010年发布的国际学生评估项目（PISA）的研究成果也证实了儿童早期发展与教育对儿童未来学业和成就所发挥的促进作用（经合组织，2010）。该项目是一项对15岁学生数

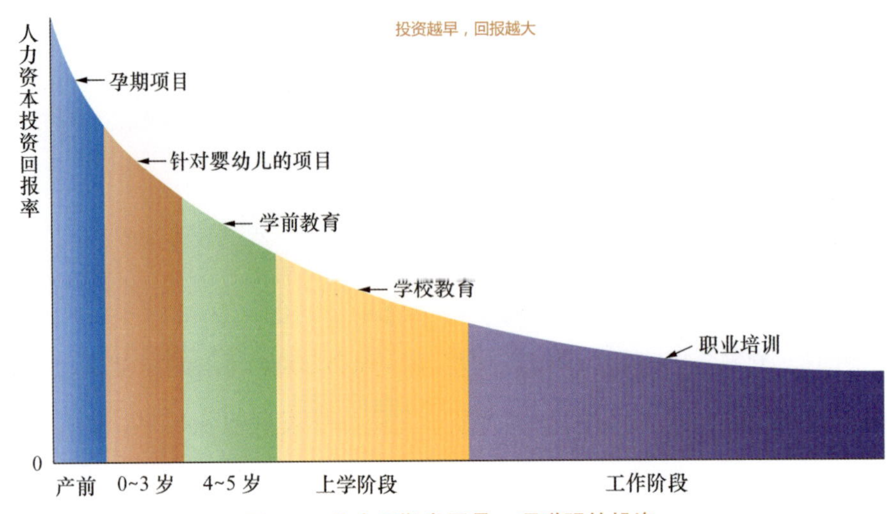

图 1.5　儿童早期发展是一项聪明的投资

资料来源：Heckman，James J.（2008）．“Schools，Skills and Synapses，” Economic Inquiry，46（3）：289～324。

学、科学和阅读素养进行评测的跨国性比较研究。2010 年上海市的学生首次参加该项目，并在 75 个项目参加国（地区）中取得了最高分。在参加测评的上海学生中，受过一年或一年以上学前教育的学生的分数比没受过学前教育的学生高 60 分以上，即高出 10%。在以色列，受过学前教育的学生的分数比未受过学前教育的学生高出 120 分（世界银行东亚及太平洋地区人类发展部、国家人口计生委培训交流中心，2011）。最新数据显示，在 2015 年 PISA 对 15 岁学生数学方面的评估中，参加至少一年学前教育的学生得分明显优于那些没有参加过学前教育的学生。在 PISA 测试中获得较高得分的国家（均分超过 500 分），其参加过学前教育的学生所占比例也更高（Sarah D. Sparks，2017）（见图 1.6）。

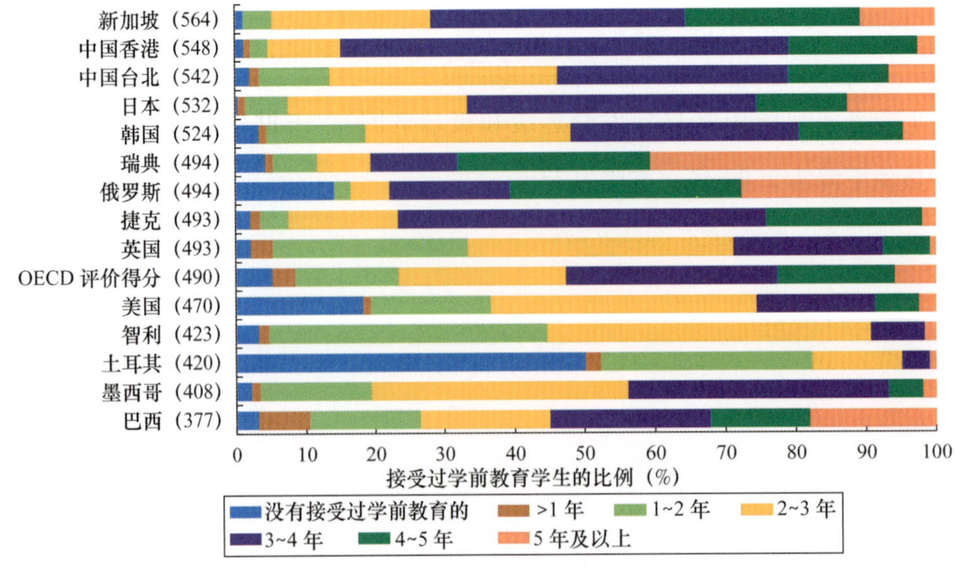

图 1.6　PISA 测试中接受过学前教育学生所占的比例

资料来源：Program for International Student Assessment，2015。

二、儿童早期发展与消除贫困和可持续发展

消除贫困已经成为全球关注的重要议题。2015 年联合国峰会通过的可持续发展议程提出到 2030 年在世界范围内消除绝对贫困。中国政府提出，到 2020 年消除绝对贫困，全面建成小康社会，而投资儿童早期发展是消除贫困的重要途径。儿童早期发展投资越早，回报越高。在国家竞争力日益取决于人力资本积累的今天，儿童早期发展应该成为国家反贫困战略和可持续发展的重要组成部分。

（一）儿童贫困的挑战

世界银行的《2016 年贫困和共同繁荣》指出，自 1990 年以来，有将近 11 亿人摆脱了极端贫困，取得了令人瞩目的进展。然而，仍有大量人口依靠极少的生活资源而生存。2013 年，大约有 7.67 亿人生活在极端贫困之中，生活水平低于每天 1.90 美元。其中，贫困和早期发育不良儿童总量巨大，需要特别关爱。世界银行的数据表明，2013 年，大约有 3.85 亿儿童生活在极端贫困的家庭中。儿童生活在极端贫困家庭的可能性是成年人的 2 倍多：在发展中国家，有 19.5% 的儿童生活在每天低于 1.90 美元的生活水平，而成人的这一比例为 9.2%。年纪最小的儿童贫困程度最高，在发展中国家所有小于 5 岁的儿童中，有 20% 多的人生活在极端贫困家庭，而 15 ~ 17 岁的这一比例接近为 15%。2016 年《柳叶刀》儿童早期发展系列报告指出，2004 年，全世界 2.79 亿 5 岁以下儿童处于风险中（包括发育迟缓和极端贫困），占世界 5 岁以下儿童总数的 51%；2010 年这一数值下降为 2.49 亿，占比为 43%。

自改革开放以来，中国经济快速发展，目前已成为世界第二大经济体。中国是第一个提前实现千年发展目标——贫困人口减半的发展中国家。1990 ~ 2011 年间，中国贫困人口减少了 4.39 亿，为全球减贫事业做出了巨大贡献。30 多年来，中国贫困人口大幅度减少，贫困地区和贫困人口的生产生活条件及公共服务水平明显改善。中国在反贫困与儿童发展方面取得了显著成就，提前完成联合国千年发展目标，贫困发生率大幅度下降，教育公平和儿童营养得到较大改善。中国坚持“儿童优先”原则，多项政策的实施推动儿童发展事业取得了显著进展。中国已提前完成贫困人口减半、促进两性平等和女性赋权、降低儿童死亡率等千年发展目标，儿童营养状况持续改善，受教育机会更加平等。但与此同时，中国的脱贫攻坚仍然面临数量多、难度大、时间紧、易

返贫等艰巨挑战。截至2016年，中国还有贫困人口4335万，相当于一个中等人口规模国家的总人数；全国还有14个集中连片特殊困难地区、832个贫困县、12.8万个建档立卡贫困村（黄承伟，2016）。

中国的儿童发展仍面临重大的挑战，主要表现在儿童发展水平城乡差距、区域差距大，且在贫困地区表现得尤其突出。我国集中连片贫困地区有4000万儿童尤其是最贫困和弱势的20%多儿童仍然由于缺乏适当的营养、早期养育、学前教育、儿童福利和保护机会，陷入贫困，无法分享发展成果。西部农村儿童绝对贫困发生率约是中部儿童的2倍、东部儿童的4倍，29.63%的西部农村儿童处于贫困中（中国发展研究基金会，2013）。贫困地区儿童生长迟缓率、低体重率、贫血率约为城市儿童的4~5倍、农村的1~2倍（《中国居民营养与慢病状况报告》，2015）。学前教育方面，我国学前三年毛入园率已达到75%，但在集中连片特困地区，学前三年毛入园率普遍在50%以下，不少贫困县仅为30%~40%（庞丽娟，2016）。0~3岁的早期养育方面，贫困农村地区几乎是一片空白。营养不足、缺少早期激励和学习以及面临生活压力所造成的后果，将持续影响儿童的一生。这些不良后果会导致儿童发展受限、生活和工作技能低下、未来成人后生产效率低下，并且会将贫困传递给后代。除了这种对个体生活和潜能极其不利的影响，不重视儿童发展也将导致社会无法积累经济持续繁荣所需要的人力资本。

（二）贫困与儿童早期发展风险

贫困阻碍儿童的健康成长，而低水平的成长和人力资本积累又容易引发贫困并导致贫困的代际传递。神经科学和脑科学的进展表明，孩子的社会经济状况和大脑发育之间有明确的联系。经济的拮据不仅仅是缺钱这么简单，对于贫困儿童来说，经济的拮据会对孩子的营养、产前护理、家庭教育水平、邻居以及其他环境压力因素造成影响。贫穷在限制了儿童机会公平的同时，还会影响大脑发育，从而改变他们的人生。

贫困会影响大脑发育。近年来关于儿童社会经济状况与大脑结构差异的研究发现，社会经济状况较低的孩子的海马体普遍相对较小（Alla Katsnelson，2016）（见图1.7）。2015年，美国学者诺贝尔等人对来自国家数据库的超过1000个3~20岁的个体的大脑核磁共振（MRI）扫描结果进行了分析，他们发现来自受教育水平较低的家庭的孩子的海马体容量相对较小。更重要的是，他们发现这些孩子在大脑皮质的表面区域也有差异。平均来看，随着父母对孩子教育年限的增加，孩子的大脑皮质区的表面积也会相应的增加，特别是在与语言学习、阅读以及自我调节能力相关的皮质区域。这些影响也和收入有关，特别是在那些低收入的家庭中（Alla Katsnelson，2016）。华盛顿大学的早期语言专家帕特里夏·库尔的功能核磁共振研究显示，社会经济状况水平较低的

5 岁孩子，其大脑皮质区中反映阅读能力的重要区域表现出了较低水平的特征（Alla Katsnelson, 2016）。

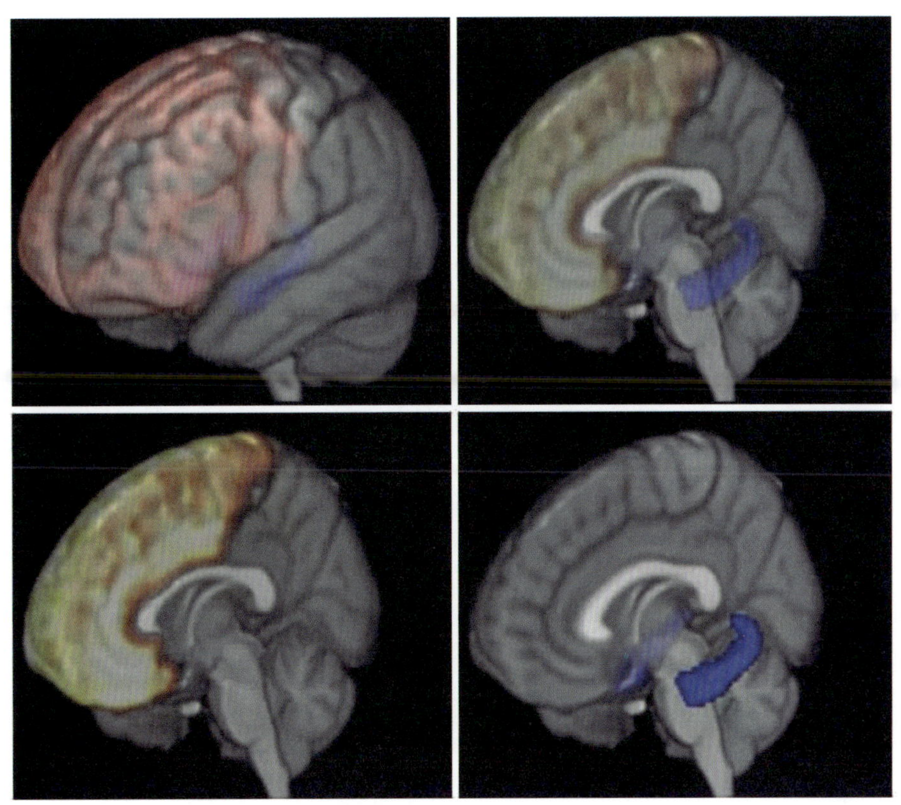

图 1.7 生活贫困的孩子的大脑与普通孩子大脑的区别

注：生活贫困的孩子的大脑与普通人差别最明显的部位是海马体以及大脑前额叶。3D 透视图中，蓝色区域为海马体，红色和黄色区域为大脑前额叶。图片来源：Jamie Hanson（Duke University, Durham, NC, and the University of North Carolina at Chapel Hill Chapel Hill NC）。

资料来源：Alla Katsnelson，"穷人家的孩子，大脑发育也会落后?"，环球科学 Scientific American，2016-05-05。

贫困导致的大脑发育迟缓会影响学业成绩。2015 年，两项研究明确将贫困家庭孩子的大脑结构变化和他们的成绩联系在了一起。通过对58 个青少年的小规模研究，麻省理工大学的团队首次将大脑皮层的容量和数学以及阅读课成绩联系了起来。美国学者波拉克和同事的研究分析了 398 个 4~22 岁儿童以及青少年的核磁共振扫描结果，发现大脑结构的差别是造成贫困家庭孩子和中等经济水平或者富裕家庭孩子存在 20% 成绩差距的原因（Alla Katsnelson, 2016）。

贫困所导致的食物匮乏，以及公共卫生与个人卫生水平低下，会加剧儿童感染和发育迟缓。在死于麻疹、疟疾、肺炎和腹泻的儿童中，35% 都由营养不良引起。越是经济地位低下，5 岁以下儿童的死亡率就越高。在全世界 6 大区域中，4 个区域（东亚和太平洋、拉丁美洲和加勒比海、中东和北非以及撒哈拉以南非洲）内最贫困人群的 5 岁以下儿童死亡率是非贫困人群的 2 倍多（Gwatkin 及其他，2000）。即使存活下来，学龄前儿童的贫困和营养不良也会导致其至少早两个年级退学，并进而导致成年后收入至少下降 26.6%（Black 及其他，2016）。

贫困往往导致公共服务的可及性差，从而影响到儿童早期发展。世界银行的《世界发展报告》背景文件中一项针对全球30多个发展中国家的研究表明，收入最高的1/5人群获得了政府总支出25%的份额，而收入最低的1/5人群则仅获得了15%（Filmer，2003）。教育、健康和卫生等公共服务存在严重的机会不公平。学前教育入学率最高的依旧是收入最高的1/5人群（联合国教科文组织，2016）。联合国儿童基金会（UNICEF）多指标类集调查数据表明，收入最高的1/5人群，其儿童的入学率是收入最低的1/5人群的2倍多（Black及其他，2016）。图1.8展示了73个中低收入国家儿童学前教育入学率与教育（学校教育）差距之间的直接关联。

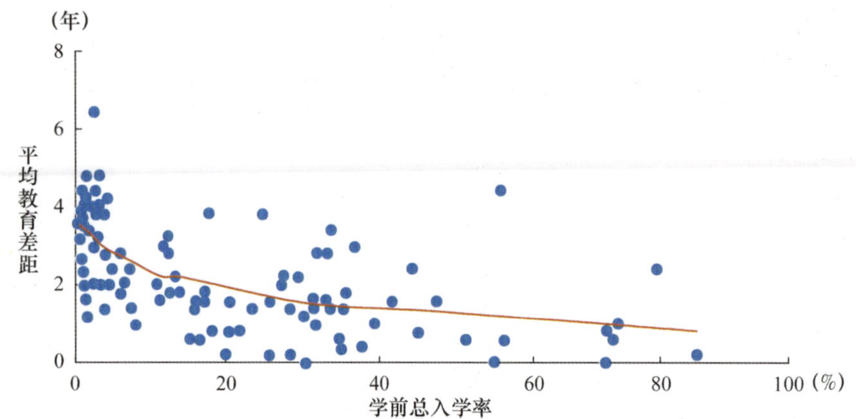

图1.8 73个中低收入国家儿童学前教育入学率与学校教育差距之间的关联

注：学校教育差距即最富裕的1/5年轻人群与其他年轻人之间教育水平的差距。平均教育差距是指年龄在15～19岁的人群。学前教育总入学率则来自8～12年之前的数据。带宽=0.8。

资料来源：Engle及其他（2011），Strategies for reducing inequalities and improving developmental outcomes for young children in low－income and middle－income countries. The Lancet，Volume 378，Issue 9799，Pages 1339－1353（October 2011）。

在健康状况方面，研究人员认为更好的保育和营养等干预措施可以扭转贫困对儿童所造成的不利影响。初步证据表明，实验性的减贫方案可以改善对象的神经生物学指标（见图1.9）。例如，在墨西哥实施的有条件的现金转移与降低儿童唾液皮质醇水平有相关性。

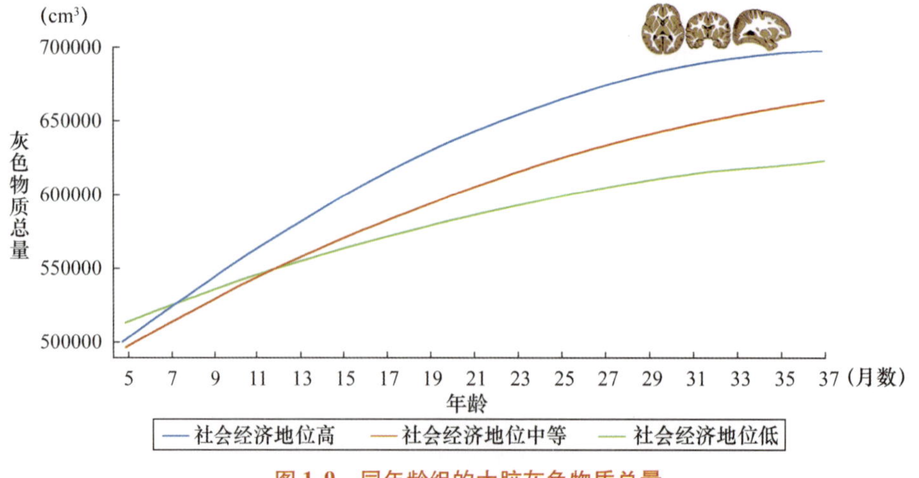

图1.9 同年龄组的大脑灰色物质总量

资料来源：Hanson JL、Hair N、Shi F、Gilmore JH等人，《家庭贫穷影响婴儿大脑的生长速度》，PLoS ONE期刊8（12），2013。

（三）从儿童早期发展到人的发展和可持续发展

国内外越来越多的研究和实践表明，单纯依靠经济增长并不能减少极端贫困和日益加剧的社会分化，而投资于人类发展和人力资本，增加获取公共服务的途径，才可以维持经济增长和促进社会公平。诺贝尔经济学奖获得者丁伯根（Tinbergen）、舒尔茨（Schultz）、福格尔（Fogel）、森（Sen）和赫克曼（Heckman）等人的理论形成了新近的发展模式，强调应以对（年轻）人的投资作为推动经济发展的核心手段。

福格尔（1993 年诺贝尔经济学奖获得者）的研究使人们进一步了解到，人群的能力和应对技能对经济发展具有重要影响。福格尔的结论是，儿童早期发展的质量对人口质量有着至关重要的影响，这种影响是长期而深远的，而且还关系到人们成年后的健康状况。

阿玛蒂亚·森（1999 年诺贝尔奖获得者）强调指出，成年人所具备的各方面能力，与其童年经历有着深刻的关联。对教育和其他丰富童年体验的机遇进行投资，可以从许多方面提升人在成年以后的各种能力，因为它能够提高人们过好生活的技能，增强自信，提高成年后的生存能力和创造经济收益的能力。

赫克曼是 2000 年诺贝尔经济学奖得主，他给出了极具说服力的论证，说明儿童的早期教育对各项技能和能力的形成至关重要，而且与人一生的成就也有着重要的因果关系。他指出（1999），人力资本的积累是一个贯穿整个生命历程的动态过程，一个人掌握的技能越多，他就越容易通过协同作用，学会更多的技能，而且能力是多种多样的（有认知方面的，也有非认知方面的），要通过各种不同的学习情境来培养，而早期形成的能力有助于进一步的学习。

因此，对人进行投资——为人的各项能力投资——现在已被认为是经济发展的一种驱动力。如今，一个国家在经济上具有的国际地位，取决于这个国家有多少人受过教育、具备技能，从而在全球竞争中胜出。很多顶尖经济学家和发展机构都在敦促各国以及国际社会关注儿童，这是人力资本形成的第一步。儿童在 5 岁以前极易受到各种不利因素的影响。贫困的处境给他们带来的伤害远远大于其他人，因为这种影响会持续一生，而且需要付出极大的努力才能弥补。通过改善儿童的早期发展，一个国家能够成功地形成人力资本，提升其未来的经济竞争力。

儿童所处的环境和早期的学习经历会决定他一生的发展轨迹，以及他的学习能力、行为、健康状况，并最终决定他的生产力。基于经历的大脑开发能够为真正意义上的人力资本形成所必需的各项关键技能的发展奠定基础。高质量的儿童早期发展项目针对 0～5 岁儿童，将优质的养育、照护（包括健康和营养方面）、教育和刺激活动结合在一起，这些项目与人的发展之间的联系会遵循四条关键路径，而这四条路径都将人的发展与经济增长直接关联起来（见图1.10）。

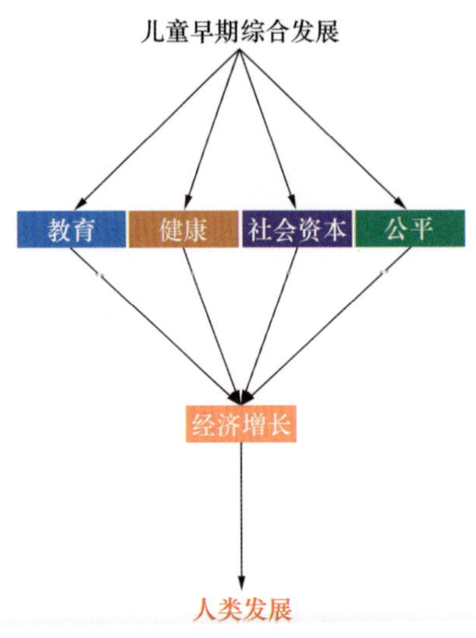

图1.10　儿童早期综合发展

资料来源：Van der Gaag J.（2000），“From Child Development to Human Development”，From Early Child Development to Human Development，ed. M. E. Young，Washington，DC：World Bank。

诺贝尔奖获得者赫克曼很清楚地说明，早期学习比后来的学习更有效，如果等到孩子上了幼儿园或小学之后再进行干预可能已经太晚了，而且早期教育带来的收益也远比后期的补救性培训更多。

以儿童早期发展为重点的人力资本扶贫需要明确并上升为国家战略。投资儿童发展，对于中国当前消除贫困与不平等、巩固全面建成小康社会的成果具有两重意义：一是当前有助于减少儿童疾病、营养不良和养育的成本，提高贫困家庭的净收入和综合福祉；二是有助于提高儿童长远的能力发展，改善个人健康和心理，提升劳动生产率，减少和预防青少年犯罪、失业等一系列经济与社会问题。

三、国际经验和不断增加的全球承诺和行动

（一）国际经验

国际经验表明，增大投入是必需的，同时也必须重视制度建设，某种程度上说建立良好的制度比投入更多的资金更为有效。从20世纪中期以来，包括发达国家和发展中国家在内的许多国家

政府都采取了综合性的儿童早期发展措施，不仅从收入贫困视角解决贫困家庭的生存问题，而且从能力和人力资本视角综合解决影响贫困人口脱贫的发展问题。这些减少了贫困，促进了社会公平。

这些项目既包括以家庭和中心为基础的日托，也包括以社区为基础的主动学习，还包括有条件的现金转移支付，以及营养加儿童早期发展的创新计划。这些项目在世界不同地区开展，受到国家政府、私营部门和社区的支持。专栏 1.1 列出计划及对应的国家。

【专栏 1.1】 儿童早期发展国家大型计划实例

计划	国家
开端计划和早期开端计划	美国
确保开端计划	英国
有条件现金转移支付计划	巴西、厄瓜多尔、尼加拉瓜、墨西哥、柬埔寨
有条件现金转移支付扩展计划	巴西
“机会均等”项目	墨西哥
全国范围内的儿童早期发展计划推广	智利、菲律宾
儿童发展综合性计划	印度
以家庭为基础的营养和儿童保育	哥伦比亚
以家庭为基础的日托	玻利维亚
以社区为基础的主动学习	肯尼亚、坦桑尼亚、乌干达
育儿假政策	经合组织国家

1. 美国开端计划

开端计划（Head Start）是美国联邦政府对处境不利儿童（3～5 岁）进行教育补偿，以追求教育公平，改善人群代际恶性循环的一个早期儿童项目。该计划自创始以来，已经累计为 2000 多万名儿童提供了服务，在很大程度上减少了留级和接受特殊教育的儿童的数量，既赢得了贫困家庭的好评，又促进了社会的教育公平。

2. 美国早期开端计划

由于开端计划一般不包括 3 岁以下儿童，1995 年，面向 0～3 岁幼儿的“早期开端计划”（Early Head Start Program）出台。早期开端计划的目的是改善怀孕妇女的产前健康，加强幼儿的智力开发，营造健康的家庭。该计划由美国各地非营利性机构及当地教育部门管理，沿袭了开端计划的成熟做法，主要通过亲子中心、儿童全面发展中心等为婴幼儿及其父母提供服务。

3. 英国确保开端计划

“确保开端”项目是英国政府从1998年开始投资的一项以家庭为切入口，以社区为依托，面向学前儿童及其父母的综合服务项目。它旨在通过免费学前教育、儿童保育、家庭支持等服务，为儿童及其父母提供更好的早期发展服务措施，提高学前教育的质量。项目的实施建立了大量的“确保开端儿童中心”，缩小了学前教育机会公平，促进了社会公平。

4. 巴西家庭补助金计划、“关爱巴西计划”和“快乐儿童计划”

巴西政府于2003年推出了家庭补助金计划（BFP），向贫困家庭（其定义是每人每月收入最高达到70美元）转移现金，前提是需要遵守健康与教育的相关条件（比如儿童免疫）。根据家庭收入和构成情况，每月的转移金额从18美元到175美元不等。评估显示，随着家庭补助金计划覆盖面的扩大，由贫困相关原因导致的5岁以下儿童死亡率在2004~2009年间降低了17%。世界银行指出，该计划为巴西21世纪第一个10年不断缩小的收入差距做出了10%~15%的贡献（世界银行，2016）。

在有条件现金转移支付计划的基础上，政府于2012年推出了“关爱巴西计划”，将200万个至少拥有一名6岁以下儿童的家庭作为目标人群。计划将家庭转移的现金提高到30美元，这一与最低工资相等的金额能够使巴西生活在极度贫困中的家庭数量降低40%。此外，该计划还与巴西统一医疗系统（SUS）相结合，提供免费补充（维生素A和铁）和哮喘药物，并为儿童保育提供额外的空间。

2016年，巴西推出“快乐儿童计划”，通过为家庭补助金计划的400万受益家庭中的幼儿提供家访服务，促进儿童早期发展。计划的目的在于强化安全网和儿童养育，减少不平等，防止暴力影响幼儿（巴西社会发展与农业部，2016；世界银行，2016）。

5. 墨西哥的“机会均等”项目

针对极端贫困反弹问题，墨西哥政府实施了“机会均等”扶贫计划。国家扶贫机构通过该计划向全国500多万户极端贫困家庭发放营养现金补贴，用于缓解孕妇和儿童的营养不良。“机会均等”项目给每个贫困家庭每月发放16.18美元作为营养补贴，给5岁以下儿童或孕妇购买营养补充剂。此外，还开设预防性的保健服务，支持开办健康和营养研讨会。项目的实施有效地促进了儿童健康成长，减少了贫困。

6. 印度的儿童发展综合服务

印度的儿童发展综合服务（ICDS）是世界上最大也是历史最悠久的以促进贫困家庭儿童早期发展为目标的社区延伸计划。这项计划于 1975 年推出，受到政府资助，通过 140 万个“安干瓦地”中心实施。整套服务包括基本保健、免疫、补充营养餐、社区学前教育，以及面向青春期少女和母亲的健康及营养教育。2014 年，计划已拥有 1.045 亿受益者，其中 4670 万是 3 岁以下婴幼儿，3820 万是 3 ~ 6 岁儿童，1960 万是孕期及哺乳期妇女。2013 年，“安干瓦地”中心经过调整成为旨在强化儿童早期启发教育和早期学习的“儿童早期发展中心”（Black 及其他，2016）。

上述项目所提供的普惠、有一定质量的早期教育和营养干预服务，有效提高了处境不利儿童的发育健康水平，阻断了贫困的代际传递，缩小了城乡和区域间发展的差距，促进了社会公平。

（二）不断增加的全球承诺和行动

过去 30 多年来，儿童早期发展与经济社会和人类发展密切相关正在成为全球发展的共识。

1. 改善人力资本

世界银行的《1980 年世界发展报告》指出，改善贫困人群的健康及教育不仅对他们本身意义重大，还能够促进经济增长。从 20 世纪 80 年代起，各国在联合国的支持下开始实施一大批儿童生存倡议，从而大规模系统化地控制了腹泻，还提升了免疫水平，改善了营养及水清洁，并使全球范围内 5 岁以下儿童的死亡率得以下降。

世界银行的《1990 年世界发展报告》和联合国开发计划署的《1990 年人类发展报告（HDR）》将“人的发展”重新摆在经济发展进程的中心地位，并提议将减贫战略作为社会部门政策（健康与教育）改善人力资本的基础。

世界银行的报告《2016 年贫困和共同繁荣：战胜不平等》突出了对全球贫困趋势的最新预测，表明儿童比成年人更有可能陷入贫困，全世界半数贫困人口都是儿童。报告提出了 6 条能够高效解决不平等现状的战略，其中首要战略就是在童年早期投入儿童早期发展和营养干预。

2. 从千年发展目标到可持续发展目标

2000 年，147 名国家元首及政府首脑（之后增加至 189 个国家）签署了《千年宣言》。《宣言》强调了人类发展多方面的协同效应，并对各国在打破贫困“怪圈”过程中所需要的一系列健康和教育政策给予高度的优先考虑。《宣言》的目标涉及多项与儿童相关的健康和教育发展目标

（见专栏 1.2）。

【专栏 1.2】　　千年发展目标

1. 消灭极端贫穷和饥饿。
2. 实现普及初等教育。
3. 促进两性平等并赋予妇女权力。
4. 降低儿童死亡率。
5. 改善产妇保健。
6. 抗击艾滋病毒/艾滋病、疟疾，和其他疾病作斗争。
7. 确保环境的可持续能力。
8. 制定促进发展的全球伙伴关系。

千年发展目标促使全球各界关注减贫，并从各国际发展机构和各国调动资源。自 2000 年起，每个国际发展机构都开始基于各自的视角和机构任务明确承认儿童早期发展的重要性。包括世界银行在内的多边发展机构，以及美洲开发银行和亚洲开发银行等区域性发展银行，在儿童早期发展计划的发展（贷款）组合中均是主要支助方。关注儿童权利的联合国儿基会、提出“全民教育”倡议的教科文组织（UNESCO），以及参与“全球促进教育伙伴关系”的双边捐助机构等，也都通过宣传、监控和技术支援，与各国的相应机构共同推动儿童早期发展。千年目标的提倡和实施有效地减少了贫困，促进了各国儿童教育和营养状况的改善，但同时一些主要发展指标并没有按期完成。

在千年发展目标的基础上，2015 年联合国制定并通过了《2030 年可持续发展目标议程》。该议程提出到 2030 年消除贫困，首次将儿童早期发展纳入相关发展目标之中，并将在未来 15 年内引导儿童发展决策。其目标不再局限于降低母婴死亡率，而是涵盖了儿童早期发展和健康成长的机会公平和权利。

具体目标方面，与儿童发展相关的可持续发展目标特别呼吁消除饥饿并实现粮食安全（可持续发展目标 2），促进心理和健康福祉（可持续发展目标 3），提供普遍获得健康保障及生育保健的机会（可持续发展目标 3），确保水和卫生的提供及可持续管理（可持续发展目标 6），杜绝虐待并减少针对儿童的暴力（可持续发展目标 16）。可持续发展目标 4 呼吁包容和公平的优质教育，让全民终身享有学习机会。可持续发展目标 4.2 特别呼吁“确保所有男女童获得优质幼儿发展、看护和学前教育，为他们接受初级教育做好准备”，并特别提出为推广幼儿服务提供前所未有的机会。除此之外，可持续发展目标 10 还呼吁减少国家内部和国家之间的不平等，而可持续发展目标 11 则致力于确保为儿童及妇女提供安全和可持续的住房，具体见专栏 1. 3。

【专栏 1. 3】 可持续发展目标

1. 在全世界消除一切形式的贫困。

2. 消除饥饿，实现粮食安全，改善营养状况和促进可持续农业。

3. 确保健康的生活方式，促进各年龄段人群的福祉

4. 确保包容和公平的优质教育，让全民终身享有学习机会。

5. 实现性别平等，增强所有妇女和女童的权能。

6. 为所有人提供水和环境卫生并对其进行可持续管理。

7. 确保人人获得负担得起的、可靠的和可持续的现代能源。

8. 促进持久、包容和可持续经济增长，促进充分的生产性就业和人人获得体面工作。

9. 建造具备抵御灾害能力的基础设施，促进具有包容性的可持续工业化，推动创新。

10. 减少国家内部和国家之间的不平等。

11. 建设包容、安全、有抵御灾害能力和可持续的城市和人类住区。

12. 采用可持续的消费和生产模式。

13. 采取紧急行动应对气候变化及其影响。

14. 保护和可持续利用海洋和海洋资源以促进可持续发展。

15. 保护、恢复和促进可持续利用陆地生态系统，可持续管理森林，防治荒漠化，制止和扭转土地退化，遏制生物多样性的丧失。

16. 创建和平、包容的社会以促进可持续发展，让所有人都能诉诸司法，在各级建立有效、负责和包容的机构。

17. 加强执行手段，重振促进可持续发展的全球伙伴关系。

资料来源：联合国，2015 年。

3. 哥本哈根共识和圣何塞共识

“哥本哈根共识” 每 4 年由丹麦的哥本哈根共识中心召集一次由世界顶尖经济学家组成的小组，对解决世界最严峻问题的各种途径进行成本与收益分析。2008 年，一个获诺贝尔奖的经济学家团队发现微量营养素干预（强化及补充以提升营养素的摄入）能够以极低的成本产生极高的收益，是目前可进行的最有效投资（Horton、Alderman 及 Rivera，2009）。这一观点于 2012 年再次得到强调，即由顶尖经济学家组成的另一小组（其中包括 4 名诺贝尔奖获得者）再次指出营养干

预是针对全球发展的一系列投资中最为值得的。专家组的结论是“为缓解慢性营养不良而支出的每1美元都能够获得30美元的回报”。曾获诺贝尔奖的经济学家弗农·史密斯（Vernon Smith）表示：“最令人信服的一项投资就是为世界上最缺乏营养的人们提供营养。这样做所带来的回馈——从提升健康、教育和生产力的角度来讲——是巨大的”（哥本哈根共识，2012；Hoddinott，Rosegrant 及 Torero 2012）。

在效仿“哥本哈根共识”而举行的2007年圣何塞会议活动期间，由9位杰出经济学家组成的专家小组指出儿童早期发展计划是解决拉丁美洲及加勒比地区贫困问题的首选方案。2015年，美洲开发银行发布了题为“儿童早期”的《2015年发展报告》。其中关键信息包括：儿童早期服务质量起决定性作用，如果无法妥善利用资源，经费再多也无法解决幼儿发展水平低下的问题；继续实验、评估和更新项目设计在提升幼儿服务质量方面必不可少；儿童早期发展政策需要制度性的支持。

此外，国际食物政策研究所的《2016年全球营养报告》提供了关于世界营养状况的评估，并确定了到2030年消除营养不良的行动机会。营养是可持续发展目标的核心。这份报告强调了营养不良、贫困以及不平等的代际传递特性，并强调了将营养方面的具体目标纳入发展与社会部门的重要性。

第二章

中国反贫困与儿童早期发展的进展

作为世界上最大的发展中国家，中国人均 GDP 还排在世界第 80 位左右。按照农民人均纯收入 2300 元（2010 年不变价）的标准，2016 年，中国还有 4335 万贫困人口，贫困发生率为 4.5%。要实现到 2020 年打赢脱贫攻坚战的目标，时间紧，任务艰巨。世界各国的减贫和发展经验表明，儿童不仅是国家的未来和希望，也是贫困人口中最脆弱和最需要政策干预的弱势群体。

改革开放以来，中国在反贫困与儿童发展方面取得了显著成就，提前完成了联合国千年发展目标，贫困发生率大幅度下降，教育公平和儿童营养得到较大改善。同时，中国的儿童发展仍面临重大的挑战，突出表现在儿童发展水平城乡和区域差距大，且在贫困地区表现得尤其突出。贫困地区最贫困和弱势的 20% 多儿童仍然由于缺乏适当的营养、早期养育、学前教育和儿童福利及保护的机会，陷入贫困，无法分享发展成果。可以说，中国在儿童早期发展方面取得了显著的成就，但也面临一系列重大而急需应对的挑战。

一、中国儿童早期发展所取得的成就与挑战

（一）中国反贫困和儿童早期发展取得的成就

改革开放以来，中国在反贫困与儿童发展方面取得了显著成就，提前完成联合国千年发展目标，贫困发生率大幅度下降，教育公平和儿童营养得到较大改善。中国坚持“儿童优先”原则，多项政策的实施推动儿童发展事业取得了显著进展。中国已提前完成贫困人口减半、促进两性平等和女性赋权、降低儿童死亡率等千年发展目标，儿童营养状况持续改善，受教育机会更加平等。儿童发展的成就主要表现在以下几个方面。

一是处于风险中的儿童数量快速下降。2004 年中国 5 岁以下处于风险中（包括发育迟缓和极端贫困）儿童数约为 2700 万，2010 年下降为 1700 万（《柳叶刀》，儿童早期发展系列报告）。二是儿童健康状况得到显著改善。2015 年，儿童低出生体重发生率为 2.64%；5 岁以下儿童低体重率为 1.49%；5 岁以下儿童贫血患病率为 4.79%。儿童保健与疾病预防得到普及，平均接种率在 99% 以上。婴儿死亡率为 8.1‰，5 岁以下儿童死亡率为 10.7‰，分别比 2010 年下降 5 个和 5.7

个千分点（国家统计局，2016）。从图 2.1 和图 2.2 可以清楚地看出，5 岁以下儿童低体重患病率和生长迟缓患病率自 1990 年以来持续下降，全国 5 岁以下儿童低体重患病率从 1990 年的 13.7% 下降到 2010 年的 3.5%，下降了 10.2 个百分点，农村的下降幅度更大，从 16.5% 下降到 4.3%，降低了 12.2 个百分点。同期，全国 5 岁以下儿童生长迟缓患病率从 33.1% 下降到 9.9%，降低了 23.2 个百分点，农村 5 岁以下儿童生长迟缓患病率则从 40.3% 下降到 12.1%，降低了 28.2 个百分点。三是儿童受教育机会更加平等。中央财政设立学前教育专项资金，截至 2015 年底，中西部地区幼儿园数量比 2011 年增长 44.9%，集中连片特殊困难地区学前三年毛入园率接近 70%，超额实现 65% 的全国“十二五”规划目标（教育部，2016）。四是儿童资助政策体系不断完善。从 2011 年秋季学期开始，中国政府建立学前教育资助制度，地方政府对普惠性幼儿园家庭经济困难儿童、孤儿和残疾儿童予以资助，中央财政给予适当奖补，并重点扶持贫困地区和少数民族地区儿童发展。中央和地方财政部门加大资金管理使用公开力度，接受社会监督。五是儿童获得更多

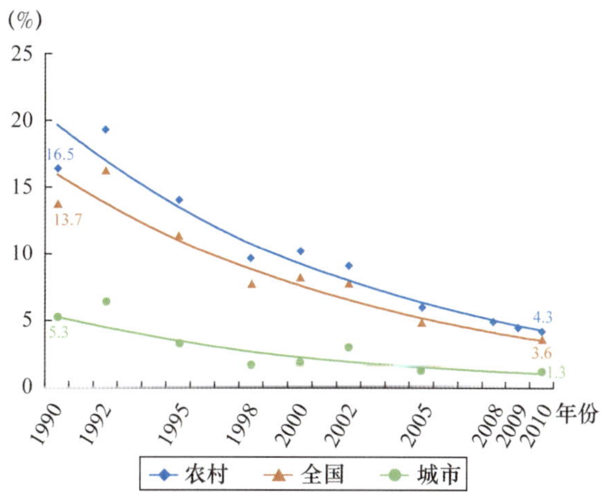

图 2.1 1990～2010 年 5 岁以下儿童低体重患病率

资料来源：中国疾病预防控制中心，全国营养调查（1992 年和 2002 年数据）；中国食物与营养监测系统（其他年份）。

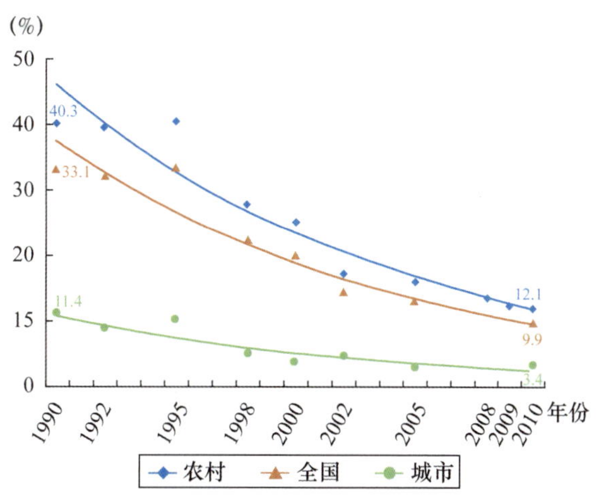

图 2.2 1990～2010 年 5 岁以下儿童生长迟缓患病率

资料来源：中国疾病预防控制中心，全国营养调查（1992 年和 2002 年数据）；中国食物与营养监测系统（其他年份）。

福利和保护。为使更多孤儿能够享受到政府在生活、教育、医疗等方面的优惠政策，国家不断提高孤儿基本生活补助标准，扩大救助范围，儿童福利保障制度不断向普惠性转变。保护儿童的法律法规更加完善，颁布实施了《中国反对拐卖人口行动计划（2013－2020年）》，加大对家庭暴力、校园暴力、色情等有害信息的监控力度等，侵害儿童的各种违法犯罪活动受到严厉打击。

（二）中国反贫困和儿童早期发展的挑战

当前，中国贫困地区的儿童发展问题依然突出，呈现出总量大、城乡和区域分布不均的特点。2015年，中国发展研究基金会课题组估计了中国0～15周岁城乡儿童的贫困规模。研究结果显示，一是贫困儿童数量众多。到2013年，仍有16.7%的中国儿童处于相对贫困线以下，人数达约4008万人。其中，处于绝对收入贫困状态的中国儿童还有1080万人。二是农村儿童的贫困发生率显著高于城市。农村儿童中，有7.34%陷入绝对贫困线以下，而城镇儿童只有2.07%，约为前者的1/4。若以相对贫困线为标准，农村儿童的贫困率接近20%，高出城镇儿童近6个百分点。三是区域分布不均衡，西部地区农村儿童的贫困最为突出。在西部，农村儿童陷入绝对贫困状态的高达12.15%，约为东部地区的4倍；农村儿童陷入相对贫困的比例，西部也是东部的3倍（俞建拖、李实等，2015）。具体见表2.1。

表2.1　城乡0～15岁儿童人口学特征

		农村		城镇	
		绝对贫困发生率（%）	相对贫困发生率（%）	绝对贫困发生率（%）	相对贫困发生率（%）
0～15岁儿童		7.34	19.69	2.07	14.13
性别	男童	7.14	19.30	2.48	14.63
	女童	7.58	20.15	1.61	13.57
年龄	0～5岁	6.95	19.61	2.02	13.65
	6～15岁	7.56	19.73	2.00	13.69
不同地区	东部地区	3.30	10.40	3.14	14.33
	中部地区	6.81	19.35	1.31	12.76
	西部地区	12.15	29.63	1.05	15.69
贫困线人数（万人）		2736	4213	4476	9659

注：根据中国家庭收入调查（CHIP）2013年数据计算。

资料来源：俞建拖、李实等：《中国的儿童贫困：现状与对策》，第四届反贫困与儿童发展国际研讨会背景报告，2015年。

除此之外，一些研究也直接或间接证明了上述结论。国家统计局《中国儿童发展纲要（2011－2020年）》中期统计监测报告指出，儿童发展部分指标城乡和区域间差距较大值得关注，如婴儿死亡率和5岁以下儿童死亡率城乡和区域间存在较大差距。2015年，全国城市婴儿死亡率仅为

4.7‰，农村婴儿死亡率为9.6‰，农村高于城市1倍多；5岁以下儿童死亡率城市为5.8‰，农村为12.9‰，农村高于城市1.2倍。婴儿死亡率和5岁以下儿童死亡率东西部区域间差距更大（国家统计局，2016）。

贫困地区儿童早期发展面临的挑战主要体现在以下几个方面。

一是贫困地区儿童绝对数量大。中国集中连片贫困地区人口超过2亿，儿童超过4000万，其中0~6岁的儿童约有2000万，约占贫困地区人口的10%左右。虽然他们总数只占全国同龄儿童的18%，但绝对数很大。贫困地区的2000万儿童主要是农村留守、贫困及单亲家庭的儿童。他们及其家庭大多由于正常养育、营养和教育机会缺失，更容易陷入贫困陷阱并遭遇贫困的代际传递。

二是早期养育水平低。贫困农村地区的家长缺乏基本的早期养育和看护照料的认识及技巧，往往忽视儿童的基本需求，缺乏和他们的交流沟通，使得婴幼儿的发育受到影响。家庭缺少适于儿童年龄的书籍和玩具以及社区缺少儿童早期教育资源，无法为儿童个体发展提供适当的刺激，限制儿童认知能力的发展，在入学前就落后于同辈。

三是缺乏接受学前教育的机会。中国集中连片贫困地区的680个县，多是山区或高原地区，生活着中国70%的贫困人口，大约有900万4~6岁的适龄儿童。由于中国首个和第二个三年学前教育行动计划主要是在县城和乡镇建园而不进村，使得剩余20%多的急需学前教育的农村儿童缺乏早期教育机会。缺乏学前教育机会将严重影响贫困儿童的语言、认知、动作和社会性等发展（中国发展研究基金会，2015）。

四是儿童发展水平具有明显的区域差异，在贫血率、生长迟缓率等指标上，中西部农村地区均落后于全国平均水平。北京大学团队对贵州、山西6县0~3岁儿童的调查表明，2013年贫困地区的贫血患病率为44.1%，而全国平均水平为24.4%；贫困地区的生长迟缓率为16.2%，而全国平均水平为9.4%；贫困地区可疑发育迟缓率高达40.3%。此外，调查地区40%的儿童看护人精神和身体状况很差，辅食的合格添加率只有16.7%（王晓莉，2016）。农村教育行动计划团队（REAP）等对陕西农村1800名3岁以下儿童及其照料者的研究表明，受访儿童中50%为贫血，29%存在机体或认知方面的缺陷；母亲外出打工给孩子心智方面带来负面影响，生长迟缓的比例更高（刘承芳，2016）。上述调查可能不能简单推断总体，但反映了城乡区域之间儿童发展的不平衡。

五是心理问题突出。留守与贫困儿童的心理问题主要表现为冷漠、内向、孤独，不愿意与别人交流。超过10%的留守儿童患有不同程度的忧郁情绪，这种忧郁情绪很多时候会导致包括辍学、乱发脾气和自杀在内的多种消极行为和事件。留守儿童的“迷茫指数”和“烦乱指数”两个消极情绪变量得分均高于非留守儿童，“愉悦指数”和“平和指数”两个积极情绪变量留守儿童的得分均略低于非留守儿童（“上学路上儿童心灵关爱中心”，2015）。

六是儿童福利和保护体系不健全，悲剧性事件时有发生。按照世界卫生组织和国际防止儿童受侵害和忽视协会（Butchart A.）在2006年发表的定义和分类，儿童容易受到以下几种侵害：躯体侵害、性侵害、情绪和心理侵害、照管教养不良造成的侵害等。近期伤害儿童、虐待儿童事件频发，儿童最基本的生命权和生存权不断受到挑战。2015年贵州毕节儿童农药中毒事件提醒人们，留守儿童面临物质性、心理性和社会交往及社会适应三大“非健康”的困境，更容易受到各种侵害，严重影响儿童的健康发展。

二、中国反贫困和儿童早期发展政策

（一）中国扶贫战略的三大支柱

经过多年的发展，中国逐渐形成了以开发式扶贫、保障式扶贫和人力资本扶贫为三大支柱的完整扶贫战略。

1. 开发式扶贫

中国政府坚持把开发式扶贫作为脱贫致富的主要途径，把发展作为解决贫困的根本途径，既扶贫又扶志，强调调动扶贫对象的积极性，发挥其主体作用，鼓励和帮助有劳动能力的扶贫对象通过增强个人和家庭的自我积累和自我发展能力努力摆脱贫困。早期开发式扶贫以县为单位，包括提供专项扶贫贷款，实施以工代赈计划，采取财政发展资金计划等内容，为具备劳动能力的农村贫困人口获得创造收入的机会。

2. 保障式扶贫

中国政府注意到单纯依靠开发式扶贫无法解决2000多万丧失劳动能力的易受冲击的特殊困难群体的贫困问题，强调把社会保障作为解决温饱问题的基本手段，逐步完善社会保障体系。2003年开始探索农村社会保障制度，并于2007年全面推行农村最低生活保障制度，提出开发式扶贫政策制度同农村最低生活保障制度的有效衔接，将针对具备劳动能力的农村人口的开发式扶贫与针对丧失劳动能力人口的社会保障兜底区分开，强调能力扶贫和生活救助的“两轮驱动”，并逐步建立广覆盖的医疗保障和养老保险制度，目标是2020年全面建立完整的农村社会保障体系。

3. 人力资本扶贫

中国政府近年来特别重视人力资本扶贫，从早期注重物质资本投资转向人力资本与物质资本并重。这是因为，许多研究表明，以教育、健康为主要指标的人力资本匮乏，是发展中国家贫困发生率长期居高不下、弱势人群陷入持久贫困的根本原因之一。解决温饱、增加收入仅仅是解决了眼前的问题，从长远的角度看，通过教育、医疗来大幅度地改善和提高他们的教育水平和健康水平等人力资本因素才是使其彻底摆脱贫困的关键。为此，中国政府开始加大对贫困地区儿童的教育、健康等人力资本的投入力度（见表 2.2）。

表 2.2　近年来中国农村涉及儿童发展的有关政策

主要政策	实施年份	扶持对象	主要内容
“两免一补”项目	2001	贫困地区	免学杂费、免书本费、补助寄宿生生活费
“降消”项目	2001	贫困地区	降低孕产妇死亡率和消除新生儿破伤风
“新农合”项目	2003	农村地区	建立以大病统筹为主的新型农村合作医疗制度
增补叶酸项目	2009	农村地区	减少新生儿神经管出生缺陷
山村幼儿园项目	2009	试点贫困地区	为 3～6 岁幼儿提供学前教育
村儿童福利主任	2010	试点地区	促进基层儿童早期发展治理体系建设
营养改善计划项目	2011	贫困地区	改善农村义务教育学生营养
“营养包”项目	2012	贫困地区	为 6～24 月龄婴幼儿免费提供营养包，提高儿童看护人科学喂养知识水平
儿童早期综合发展试点项目	2014	试点贫困地区	促进 0～3 周岁儿童早期综合发展

资料来源：根据相关资料整理。

这一系列普惠性的农村教育、卫生健康政策充分体现了扶贫开发向人力资本开发的重要转变，最终形成了开发式扶贫、保障式扶贫、人力资本开发扶贫三大支柱的国家扶贫战略体系。

（二）中国反贫困和儿童早期发展政策的回顾

回顾以往，中国减贫的重要经验之一就是将减贫作为国家重要发展目标，正式列入国家发展规划。1986 年起，中国开始实施有计划、有组织、大规模的扶贫开发，设立了扶贫开发专门机构，制定与中国国情和发展阶段相适应的扶贫开发方针，并于 1994 年、2001 年、2011 年、2016 年分别制定了 4 个扶贫专项规划，明确了阶段性扶贫开发目标（见专栏 2.1）。这些扶贫专项规划的一个重大变化是早期规划很少涉及儿童发展问题，到“十三五”脱贫攻坚规划对儿童发展问题的全面关注。

【专栏 2.1】　　改革开放以来中国实施的 4 个扶贫专项规划

改革开放以来，中国高度重视扶贫开发工作，开展了有计划有组织的大规模开发式扶贫，先后出台了 4 个扶贫开发规划，具体如下。

——1994 年 4 月，国务院印发实施《国家八七扶贫攻坚计划》（国发〔1994〕30 号），这是新中国历史上第一个有明确目标、明确对象、明确措施和明确期限的扶贫开发行动纲领。《国家八七扶贫攻坚计划》明确提出，集中人力、物力、财力，动员社会各界力量，力争用七年左右的时间，到 2000 年底基本解决农村 8000 万贫困人口的温饱问题。

——2001 年 6 月，国务院印发实施《中国农村扶贫开发纲要（2001－2010 年）》（国发〔2001〕23 号），这是贫困人口温饱问题基本解决后，国家于 21 世纪初制定的指导全国扶贫开发工作的纲领性文件。纲要明确提出，尽快解决少数贫困人口温饱问题，进一步改善贫困地区的基本生产生活条件，巩固温饱成果，提高贫困人口的生活质量和综合素质，加强贫困乡村的基础设施建设，改善生态环境，逐步改变贫困地区社会、经济、文化的落后状态，为达到小康水平创造条件。

——2011 年 5 月，中共中央、国务院印发实施《中国农村扶贫开发纲要（2011－2020 年）》（中发〔2011〕10 号），进一步明确了扶贫对象范围和主要任务，并提出逐步提高国家扶贫标准，到 2020 年，稳定实现扶贫对象不愁吃、不愁穿，保障其义务教育、基本医疗和住房。贫困地区农民人均纯收入增长幅度高于全国平均水平，基本公共服务主要领域指标接近全国水平，扭转发展差距扩大趋势。

——2016 年 11 月，国务院印发实施《“十三五”脱贫攻坚规划》（国发〔2016〕64 号），这是扶贫开发领域首个五年专项规划，实现了与国民经济和社会发展五年规划的无缝衔接。规划明确提出，到 2020 年，确保现行标准下建档立卡贫困人口实现脱贫，不愁吃、不愁穿，义务教育、基本医疗和住房安全有保障，12.8 万个建档立卡贫困村有序摘帽，832 个贫困县全部摘帽，解决区域性整体贫困问题。

《“十三五”脱贫攻坚规划》进一步明确了贫困地区儿童早期发展的重点领域。

（1）加快完善贫困地区学前教育公共服务体系，建立健全农村学前教育服务网络，优先保障贫困家庭适龄儿童接受学前教育。重点支持中西部 1472 个区（县）农村适龄儿童入园，鼓励普惠性幼儿园发展。

（2）全面提升妇幼健康服务水平。在贫困地区全面实施农村妇女“两癌”（乳腺癌和宫颈癌）免费筛查项目，加大对贫困患者的救助力度。全面实施免费孕前优生健康检查、农村妇女增补叶酸预防神经管缺陷、新生儿疾病筛查等项目。提升孕产妇和新生儿危急重症救治能力。全面实施贫困地区儿童营养改善项目。实施0~6岁贫困残疾儿童康复救助项目，提供基本辅助器具。

(3) 农村贫困人口大病慢性病救治。从2016年起，对贫困家庭患有儿童急性淋巴细胞白血病、儿童先天性心脏房间隔缺损等疾病的患者进行集中救治。

(4) 完善"三留守"人员服务体系。组织开展农村留守儿童、留守妇女、留守老人摸底排查工作。推动各地通过政府购买服务、政府购买基层公共管理和社会服务岗位、引入社会工作专业人才和志愿者等方式，为"三留守"人员提供关爱服务。加强留守儿童关爱服务设施和队伍建设，建立留守儿童救助保护机制和关爱服务网络。

(5) 国际交流与合作。组织实施好中国贫困片区儿童减贫与综合发展等项目。响应联合国《2030年可持续发展议程》。

资料来源：国务院扶贫办。作者整理。

除专项扶贫规划外，中国政府和相关政府部门开始逐渐重视儿童早期发展，出台了一系列法律法规，并先后制定了《九十年代中国儿童发展规划纲要（1992－2000年）》《中国儿童发展纲要（2001－2010年）》《中国儿童发展纲要（2011－2020年）》《国家贫困地区儿童发展规划（2014－2020年）》等，将国家保护与关爱儿童的意志上升为国家政策与发展规划，"儿童早期发展"是规划和纲要中的侧重点之一（见表2.3）。

表2.3 与儿童早期发展有关的主要法律法规和条例

有关法律法规、条例	发布/修订（正）年份
《托儿所幼儿园卫生保健制度》	1985年
《幼儿园管理条例》	1989年
《幼儿园工作规程》	1989年制定，1996年第1次修订，2015年第2次修订
《未成年人保护法》	1991年通过，2006年第1次修订，2012年第2次修正
《九十年代中国儿童发展规划纲要（1992－2000年）》	1992年
《母婴保健法》	1994年
《托儿所幼儿园卫生保健管理办法》	1994年施行，2010年修正
《教育法》	1995年通过，2009年第1次修正，2015年第2次修正
《全国幼儿园园长任职资格、职责和岗位要求（试行）》	1996年
《中国儿童发展纲要（2001－2010年）》	2001年
《幼儿园教育指导纲要（试行）》	2001年
《关于幼儿教育改革与发展的指导意见》	2003年
《国家玩具安全技术规范》	2003年颁布，2014年修订

续表

有关法律法规、条例	发布/修订（正）年份
《中小学幼儿园安全管理办法》	2006 年
《全国家庭教育指导大纲》	2010 年
《国家中长期教育发展与改革纲要（2010 - 2020 年）》	2010 年
《中国儿童发展纲要（2011 - 2020 年）》	2011 年
《3 - 6 岁儿童学习与发展指南》	2012 年
《国家贫困地区儿童发展规划（2014 - 2020 年）》	2014 年

资料来源：根据教育部有关资料整理。

中国政府还签署了有关国际公约，出台了相应的专项规划。中国政府在 20 世纪 90 年代相继签署了联合国《儿童权利公约》和《儿童生存、保护和发展世界宣言》。中国率先完成《联合国千年发展目标》中减贫[①]的预定目标，并提前完成降低 5 岁以下儿童死亡率[②]等七个发展指标。中国政府签署《2030 年可持续发展议程》，并发布《中国落实 2030 年可持续发展议程国别方案》，将消除绝对贫困视为首要目标，并开始更加关注儿童早期发展。

（三）中国反贫困和儿童早期发展政策的评价

中国早期的农村扶贫开发过于强调对短期收入增长有利的生产性和基础设施的开发，而忽视对贫困人口长远发展有重大影响的人力资本开发和能力提高。造成这种状况的原因有三点。第一，中国定义的农村贫困是以收入为标准的绝对贫困，国家统计局在测量贫困标准和人口时并未考虑社会发展指标。在短期内，投资于道路、灌溉、农田等物资资本和直接生产活动更容易提高生产率和农户的收入水平，因而有更明显的直接扶贫效果。第二，对人力资本的作用认识不够。长期以来人们在习惯上将教育和医疗支出主要当成一种消费，而不是一种长期投资。第三，在体制机制方面，负责部门的职能与权力不对等。在政府的职能分工中，农村的教育和医疗服务主要由教育部门和卫生部门负责，在大扶贫格局形成之前它们在扶贫政策的形成和扶贫资金及项目的管理中没有太大的发言权（中国发展研究基金会，2007）。从 21 世纪初开始，在贫困人口的温饱问题基本解决并在发展战略上更加强调可持续发展的背景下，加上国际上对儿童早期发展影响研究成果的传播，这种状况逐步有了明显的改善。儿童早期发展被更多地纳入国家儿童发展规划和扶贫规划中，相关政策陆续出台，国家和社会组织开展了一系列的试点工作。

① 中国贫困人口从 1990 年的 6.89 亿下降到 2011 年的 2.5 亿，减少了 4.39 亿。

② 2013 年，中国 5 岁以下儿童死亡率为 12.0‰，较 1991 年下降了 80.3%，提前实现了千年发展目标中降低儿童死亡率（1990 ~ 2015 年间，将 5 岁以下儿童死亡率降低 2/3）的目标。

但也应该注意到，有关儿童早期发展的政策和实践不仅需要不断更新和完善，而且需要进行必要的整合，否则会因实施和监管责任主体分散而导致投入与监管的低效。目前有关政策和项目，部分是小型的、区域内或者系统内的实验项目，通常由不同政府部门、群团组织牵头负责，项目的长期性和系统性不足；有些还没有上升到国家政策层面，缺乏必要的政策、资金和制度支持，需要不断试点、推广、改进和完善。

经过多年不懈努力，中国贫困地区义务教育办学条件明显改善，农村义务教育营养改善计划、中等职业教育免学费、寄宿生补助生活费等政策对连片特困地区学生实现全覆盖，但财政对于儿童早期发展投入额度仍然很低、结构也不尽合理。一是从数量上看，2015 年中国国家财政性教育经费占国内生产总值的比例为 4.26%（教育部，2016），但中国目前的儿童早期发展投入还处于相对较低的水平，有很大的增长空间。二是从结构上看，中国财政教育经费支出中，19.59% 左右资源投在高等教育，30.46% 投在中学教育，33.86% 投在小学阶段教育，只有 4.03% 投在学龄前教育（教育统计年鉴，2016），学前教育财政性经费投入总体仍然较低。虽然近年来中国政府逐渐认识到需要把对贫困地区儿童早期发展的投资作为重点之一，但由于中国目前还未实施儿童早期养育的国家性政策项目，因此，儿童早期发展的公共支出主要体现在学前教育方面，试图通过提高学龄前三年毛入学率等办法来增强贫困地区儿童发展和阻断贫困代际传递的能力。但这些政策仍然有很大的提升空间，以儿童早期发展为重点的人力资本扶贫需要明确和上升为国家战略，未来对儿童早期发展的投资需要从促进贫困地区儿童健康成长着眼，对贫困地区加大营养、健康、养育和学前教育方面的综合投入，确保儿童早期发展项目能覆盖到所有儿童、母亲及其他看护者，无论他们是否有支付能力。

三、2020 年消除绝对贫困目标下的贫困地区儿童早期发展

中国政府提出，到 2020 年要全面建成小康社会，现行标准下农村贫困人口实现脱贫。完成上述宏伟目标，需要制定对贫困人口进行人力资本投资、提高发展能力、扩大发展机会、均衡发展机遇、增加获取公共服务途径的反贫困战略，并明确将儿童早期发展作为重点纳入国家健康和教育扶贫战略中去具体实施。中国政府现阶段的减贫战略应该优先考虑中西部贫困农村地区 0～6 岁的儿童，有针对性地采取营养、健康、养育和教育等综合的整体的干预措施，确保贫困农村地区儿童获得平等的早期发展机会，缩小与发达农村地区及城市同龄儿童的差距，构筑向上流动的渠道，阻断贫困的代际传递，实现社会公平和起点公平，与此有关的一系列干预措施应是中国今

后一段时期儿童早期发展战略和扶贫政策的重点。这不仅是最具成本效益的投资策略之一，可以提高未来公民的生产力和竞争力，避免未来劳动力素质和社会生产率的下降，也可以在较长时期内保证国家的核心竞争力和提高社会凝聚力，从而使中国有能力克服在人口老龄化进程和向高收入国家迈进过程中所面临的各种挑战。

（一）贫困地区儿童早期发展面临机会窗口

中国政府采取有效行动来促进儿童早期发展面临较好的时间窗口期。因为从人口结构上看，该年龄组的人口数已经相对较少，儿童抚养比相对较低。而且城市化进程在加快，科学技术在不断进步，儿童早期发展越来越受到研究者的关注。根据2010年第六次全国人口数据，中国人口结构发生了很大变化，0～14岁年龄组在总人口中所占比重已经从1964年的41%下降到2000年第五次全国人口普查时的22.89%，2010年进一步下降到16.60%（国家统计局，2011），为儿童特别是贫困地区儿童提供良好的看护、养育、营养和教育总体成本已经变得相对较低。此外，日益加快的城市化进程和不断进步的科学技术也为儿童早期发展和教育服务发展提供了便利。加上近年来神经科学研究（从基因到行为）进展加快，神经科学的研究颠覆性地改变了我们对解决社会不平等问题的看法。儿童早期发展也逐渐成为经济学家、社会学家、宏观战略研究专家关注的重要课题。这些变化将会对中国发展战略和中国扶贫的政策取向产生一系列的影响，支持儿童早期发展也更容易在社会上形成共识并获得公众的支持。

（二）儿童早期发展应该形成的有关共识

中国社会需要在儿童早期发展方面形成以下共识。一是促进儿童早期发展具有极端重要性。促进儿童早期发展，是促进人的全面发展的重要组成部分，对国家人力资源发展及未来意义重大。投资儿童发展，提升人力资本，就是投资于国家和民族的未来，是最为根本也是投资效益比最高的方式，投资越早、越多，回报越早、越多。二是促进儿童早期发展需要进行综合干预。儿童早期发展包括身体、心理、情感、语言、行为和社会能力的综合协调发展，涵盖儿童生长发育、营养喂养、心理行为、早期教育等相关方面，包括儿童健康、体格发展、儿童营养、儿童潜能，以及孕产妇营养和保健等有关领域。因此，单一的发展干预效果有限，需要进行综合、整体的干预，制定适应儿童生命周期的孕前期、胎儿期、新生儿和婴儿期、幼儿和学龄前期、学龄早期每个阶段儿童发育的需求，符合每一阶段儿童发育水平和成熟程度的综合干预措施。在实践中，首先要保护儿童免受伤害，也要关注如何普遍地促进儿童的发展，发挥他们的学习潜能，以利于他们一生的发展；还应该对发展有缺陷和疾病的儿童尽可能地进行早期和有效的干预。最重要的扶贫措施是通过提供合适的刺激和安全的、稳固的、温暖的互动环境，将早期营养支持项目和促进儿童早期发展的项目整合成有效的干预活动，并尝试通过现金、就业支持、服务提供等支持贫困家庭的社会保护政策帮助其获得儿童早期发展服务。与此同时，这些儿童早期干预项目需要让父母参与进来并满足其不断变化的需要，这是当前推进项目成功的重要手段。三是促进儿童早期发展需要建立完善的儿童早期发展理论研究体系，开展儿童早期发展评估。因为儿童早期发展涉及认知科学、神经科学、心理学、人类学、教育学和经济学等学科领域，因此迫切需要在交叉学科领域开展系统研究，将独立领域的研究联系起来，采用国际通用的儿童早期发展评价方法，设计出一套适合中国国情的工具，对全国儿童早期发展状况进行大型的、基础性的、长期性的监测，将科学证据转化为实用的综合干预，以支撑国家儿童早期发展政策决策。

（三）促进贫困地区儿童早期发展可以采取的进一步行动

提高贫困地区儿童早期发展水平应该向所有 0 ~ 6 岁儿童普及营养、健康和教育服务，但由于受资源制约，应该结合精准扶贫政策，将有 0 ~ 6 岁儿童的贫困家庭作为政策对象，首先采取更有利于贫困人口的措施。一是从资源供给角度看，应该加大中央财政向中西部贫困地区的转移支付力度，扩大儿童早期发展和教育机会的供给，使其成为一种主流的、可被贫困人口负担得起的社会化服务。尽管当前政府及相关组织对儿童早期发展方案的投资不足，但政府应该探索多元的途径来弥补这一缺陷，引入多方资源对儿童早期发展方案进行投资。二是从资源分配结构上看，应通过政府的专项扶贫规划考虑为极端贫困人口提供儿童早期发展和教育服务，结合精准扶贫建档立卡系统数据信息，将更多的扶贫资源倾斜于儿童早期发展和教育服务，结合最低生活保障计划中的有关内容，对极端贫困人口实施有针对性的干预。三是从资源使用效率来看，应该将非收入性指标纳入贫困监测中来，贫困监测应涵盖对儿童早期发展成果的监测。营养、健康指标纳入教育统计中来，营养、健康和教育成果指标都应该同属于贫困地区大扶贫统计监测的范畴。在确定评价脱贫效果时，应制定一个包括儿童营养不良患病率、母乳喂养率、母亲文盲率、安全饮水率等因素在内的综合健康卫生指标，以反映该地区儿童的营养状况。

中国贫困农村地区儿童早期发展项目探索表明，儿童早期发展和教育应该受到足够的重视，成为主流化的社会服务，应该从整个生命周期入手采取有效的干预措施。社会政策应该采取统一的综合性儿童发展干预手段，将营养干预（包括养育和保育）和刺激融合在一起，关注儿童的整体发育，并使父母、社区（非正规部门）以及健康和教育机构（正规部门）参与其中，做到早期介入、经常介入和有效介入，以达到综合干预对早期发展成果的叠加和协同效益。具体来说，可以从以下几个方面着手行动。一是需要提供方法简便、服务可及的发展项目。在贫困农村地区开展儿童发展项目，往往受项目经费、基础设施、项目人员素质和项目儿童家长接受水平的限制，因此需要设计结构化的一揽子干预措施与已有项目整合，所采取的干预措施不仅要直接有效而且要简便易操作，服务的提供一定要让最需要帮助的贫困和弱势家长及儿童容易获取。二是在控制项目成本的同时保证项目质量。中国还是个发展中国家，农村地区贫困儿童数量巨大，所需提供服务众多的情况下，儿童发展项目需要适应发展水平，项目成本、项目强度和持续时间需要平衡考虑，人员和项目设施的成本控制在合理水平。与此同时，实施有效的儿童早期发展方案，必须持续收集、评估现有方案的相关信息。儿童发展项目必须保证较高的质量，才会对儿童发展产生积极效果，质量差的儿童项目比不提供服务对儿童产生的伤害更大。三是建立运行持续、多方参与的机制。儿童发展是一项长期工程，需要全程干预、全程保障，相应的项目必须是可持续的。一些贫困儿童发展项目在实验取得成效的基础上，要尽快转化为相应政策，并在更大范围内推广。构建大扶贫格局，创造儿童早期发展有效需求的供给者和消费者，动员所有利益攸关方参与其中，让政府、企业、社会组织、家庭、媒体共同参与到贫困地区儿童的发展事业中。

（四）2020年贫困地区儿童早期发展展望

中国的儿童发展政策逐渐从儿童生存、保护走向促进儿童早期发展，从儿童早期发展不在有关政策视野之内，到少量投资进入儿童早期发展领域并正式进入到政策话语中。儿童早期发展将成为中国未来发展的优先战略之一。中国将在扶贫规划中对儿童早期发展涉及的有关内容进行进一步探索，在贫困地区建立有关儿童营养、健康、早期养育、教育的综合干预体系，以目前和今后一段时间的财力，是可以负担得起的[①]。需要建立一套适合国情、成本合理、服务可及、质量保证、理念先进的儿童早期发展方式方法体系，出台一系列的反贫困与儿童发展的国家性政策与大型项目，试点成功的综合发展干预体系应推广到更宽泛领域和扩大到更广泛地区。当然，为儿童早期发展而进行的一系列投入离不开财政资金和技术的支持，建立健全以财政投入为主、社会力量参与、家庭合理分担的贫困地区儿童发展经费投入机制，这需要综合考虑公共资源和服务的供给能力，公共政策的制定与有效执行是投资与实施儿童早期发展的关键。

随着形式多样、资金来源多样的相关儿童早期发展项目的实施，中国将全面系统地建立和改

① 根据有关测算，对全国680个集中连片县0~6岁儿童提供婴幼儿营养包（6~24月龄婴幼儿）、早期养育（0~3岁）、学前教育（3~6岁）、学前营养改善（3~6岁）4项包括营养和教育在内的初级儿童早期发展服务体系，一年的投入大概为483亿元，约占2015年GDP的0.07%。这个投入对于当前政府的公共财政支出是可以承担的，也是可持续的，对于2000万0~6岁的贫困地区儿童更是值得的（卢迈、杜智鑫，背景报告）。

善积极的家庭环境、幼儿园环境和地区教育环境。到 2020 年，中国集中连片特殊困难地区儿童整体发展水平基本达到或接近全国水平。孕产妇及 0 ~ 6 岁的儿童享有更好的基本卫生、营养、早期启蒙、儿童福利等综合服务，家庭能够掌握并实施促进儿童心理、生存、发展、保护、智力开发等的正确育儿行为。幼儿园数量不断增加，硬件建设和软件建设全面提升，教育环境和教育质量进一步得到改善。建立健全促进儿童早期综合发展、减少政策制订碎片化的跨部门体制机制，通过卫生、妇联、民政、教育、扶贫等多部门的合作机制，探索总结出偏远贫困地区儿童早期综合发展的评估和干预模式，满足贫困地区儿童的相关要求，最大限度地发掘每一位儿童的潜力，减少不同地区和不同人群的起点差异性。

第三章

贫困地区儿童的营养与健康

营养是保证儿童健康成长的基础，关系到人口素质和人力资本的积累。早期养育不良会阻碍儿童大脑和体质发育，进而影响到学习、成年后的生活以及形成贫困的代际传递。儿童营养是一项投入较小而回报很高的人力资本投资。随着国家制定一系列行动目标、方针和政策，我国儿童的营养和健康水平有了很大的改善。但是，儿童营养不良问题仍然存在，贫困农村地区尤其是薄弱环节，全面改善贫困地区儿童早期的营养和健康目标任重道远。

一、儿童营养与健康的关系

儿童营养状况是衡量整个人群营养状况最敏感的指标，也是人口素质的基础。儿童营养不良率和患病率高低是社会经济、卫生保健、膳食营养状况和文化教育的综合反映。营养不良影响人的生命质量和社会公平，是人口预期寿命、学习和劳动能力、人力资源状况、经济发展以及疾病和疾病负担等社会经济要素的主要决定因素。生命最初 1000 天（ –9 月至 24 月龄）是生命健康的一个重要窗口期，虽然短暂，但影响长久。早期营养不良会妨碍儿童获取有益微生物组，进而妨碍大脑发育。大脑的重量大部分是在 2 岁以前积累完成的，在 18 个月龄时即可达到成人脑重量的 70%（见图 3.1）。脑发育的这一快速时期，也是脑发育的敏感阶段，特别容易受到各种内部和外部因素的影响。

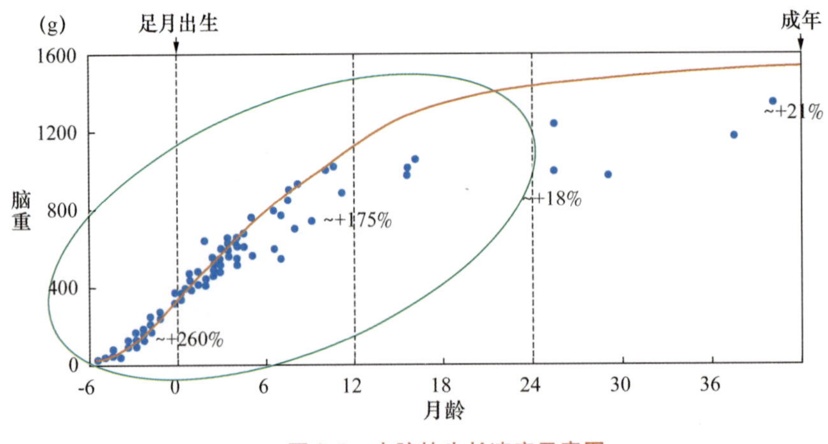

图 3.1　人脑的生长速度示意图

资料来源：苏宜香：《儿童营养及相关疾病》，人民卫生出版社 2016 年版，第 148 页。

营养是大脑结构形成和功能发育最重要的外部因素之一，大脑的生长和发育需要各种营养素的支持和补充。早期营养供给不足，特别是蛋白质、铁和锌的缺乏，会造成多个脑区域的损伤（Wachs，2014）。同时，人体是由微生物组成的生态系统，营养不良会影响儿童消化系统菌群的发展，而肠道菌群通过复杂的机制又可以影响大脑发育和免疫功能（加里·达姆施塔特，2016）[①]。在这一关键的发育时期，营养不良不仅会在当下产生严重的后果，而且对儿童长期发展不利。当下的后果包括影响发病率和死亡率、造成体格发育和精神发育迟缓；长期影响包括使智力、工作能力和生殖能力受损，增加慢性病危险。更为严重的是，由婴儿或儿童早期生长迟缓与贫血带来的认知能力的缺损是长期的。但早期营养不良并非不可逆，对营养不良儿童在3～6岁时进行有效的营养干预，能够通过“生长追赶”弥补早期造成的缺陷（哈罗德·阿德曼，2016）[②]。

投入营养改善不仅提高生存质量，更具有巨大的社会经济收益，是低投入高产出的公共领域，也是成本效益最高的产业领域之一。营养不良是贫困的基础原因，不解决人的营养问题，脱贫就不能实现。进行有效的营养干预行动，是消除贫困地区饥饿和营养不良的关键。

二、贫困地区儿童营养与健康现状

根据联合国粮农组织（FAO）2016年的数据，全球有近8亿人长期营养不足，超过20亿人因微量营养素缺乏而“隐性饥饿”。而中国人口正面临营养不良的“三重负担”：能量摄入不足（饥饿）、微量元素缺乏（隐性饥饿）以及过度摄入能量及营养素（超重和肥胖）。

儿童营养状况尤其令人担忧，《中国食物与营养发展纲要（2014—2020）》呼吁，到2020年，5岁以下儿童发育不良率要减少到7%以内，全部人口的贫血率控制在10%以内。但是当前的贫血和发育不良情况与2020年的目标之间仍有明显差距。中国存在大量“隐性饥饿”，即缺乏铁、维生素A、锌等微量营养素的人群。中国5岁以下儿童发育迟缓率和低体重率虽远低于发展中国家的平均水平，但在中国经济快速增长的背景下，儿童的发育迟缓率和低体重率仍较高（见表3.1），约为高收入国家的2倍（见图3.2）（陈志钢等，2016）。

①② 转引自“儿童发展是消除贫困的根本途径”——第五届反贫困与儿童发展国际研讨会综述。

表 3.1　1990～2010 年中国 5 岁以下儿童营养状况估计

年　份	体重过轻（WAZ）/%		生长迟缓（HAZ）/%		超重（WHZ）/%	
	WHO 估计	监测数据	WHO 估计	监测数据	WHO 估计	监测数据
1990	12.6		32.3	—	5.3	
1992	14.2		38	7.2		
1995	10.7		31.2	13.6		
1998	6.9		19.8	5.5		
2000	7.4		17.8	3.4		
2002	6.8	7	21.8	9.2		
2005	4.5	5	11.7	12	5.9	3.9
2008	5.1	5.9	13.7	5.4		
2009	4.6		12.6	5.3		
2010	3.4	3.6	9.4	9.4	6.6	6.5

资料来源：WHO 的估计基于调整后的国家数据（2010）；中国的监测数据来自《中国卫生统计年鉴（2011）》。

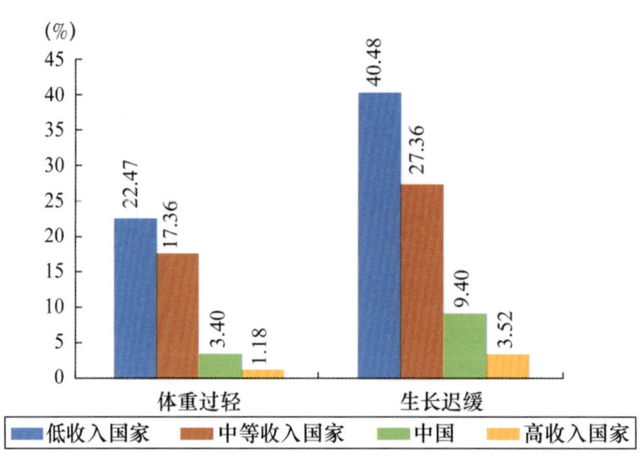

图 3.2　2010 年不同收入水平国家 5 岁以下儿童体重过轻、生长迟缓发生率比较

资料来源：世界银行，2015 年。

（一）贫困地区 0～6 岁儿童营养状况

近年来中国人口出生率约为 1.2%，以 2015 年建档立卡贫困人口 5575 万为基数，可推断出中国贫困地区 0～6 岁儿童人口数量 401.4 万。这其中未包括流动人口和城市弱势或低收入群体家庭的 0～6 岁儿童。

儿童营养状况通常用营养不良状况等指标综合反映。营养不良包括蛋白质－能量营养不良和微量营养素缺乏。蛋白质－能量营养不良通常用生长迟缓、低体重和消瘦反映。常见的微量营养素缺乏包括铁、维生素 A、维生素 D、碘等的缺乏。营养不良最大的危害发生在孕期和 2 岁以内，造成的伤害多数情况是长期的。婴幼儿时期的营养状况是人一生智能、体能、健康的基础。早期营养不良除了反映在体格发育迟缓上，还将影响儿童智能、心理的正常发育，更有可能增加成年后的肥胖、高血压、冠心病、糖尿病的患病几率。

生长迟缓、低体重和贫血仍是中国贫困地区 0～6 岁儿童存在的主要营养问题。6～24 月龄婴幼儿营养缺乏状况主要是以生长迟缓率和低体重率来衡量的，这两个指标都能反映婴幼儿的热能－蛋白质营养不足：前者反映出长期慢性营养缺乏，后者说明近期急性营养缺乏。在相应月龄下未达到应有的身高为生长迟缓，是早期儿童综合营养低下的表现。贫血是铁、B_6、叶酸、B_{12}等微量营养素缺乏的病症，是营养不良的指标之一。贫血年龄分布高峰在 6～12 月龄，单用 6 岁以下儿童贫血发生率可能会掩盖 2 岁以下儿童贫血高发的现象。贫血除了会造成对疾病的抵抗力降低和成人劳动生产力降低，2 岁以内儿童贫血还会严重影响脑发育和智能及心理发育，且在此期间由于营养缺乏带来的潜能损失是不可挽回的。研究表明，发现铁缺乏且已经造成贫血后，再进行补铁治疗并不能有效逆转婴幼儿时期铁缺乏造成的不利影响（Lozoff et al.，2000），而从生命早期开始补充适量铁，能够对运动能力、社会情绪和语言发展产生积极影响（Walker et al.，2007）。

《中国居民营养与慢病状况报告（2015）》数据显示，2013 年中国 6 岁以下儿童生长迟缓率为 8.1%，城市为 4.2%，农村为 11.3%，其中贫困农村为 19.0%；低体重率全国为 2.5%，城市为 1.7%，农村为 3.2%[①]，其中贫困农村为 5.1%；贫血率全国平均为 11.6%，城市为 10.6%，农村为 12.4%，其中贫困农村为 16.6%，这些指标贫困地区显著高于其他地区（见图 3.3）。贫困地区儿童生长迟缓率、低体重率、贫血率约为城市的 4～5 倍、农村的 1～2 倍。与 2002 年居民营养与健康状况调查结果相比，中国 6 岁以下儿童生长迟缓率、低体重率、贫血率等各项营养不良指标均有明显下降，这些指标也优于联合国儿童基金会的《儿童和产妇营养追踪进展》报告结果，表明近十年中国婴幼儿营养缺乏问题得到较大改善。

营养不良的另一项指标是微量元素[②]缺乏。2015 年《中国贫困地区 0～6 岁儿童营养及家庭养育状况》报告报告显示，贫困地区儿童早期锌、维生素 A 和 D 等微量元素缺乏的情况严重，其中，锌缺乏比例高达 50% 以上，维生素 A 缺乏率高达 23.8%，是大城市同龄儿童维生素 A 缺乏率的 6.3 倍。

① 另一项来自中国家庭追踪调查（China Family Panel Study，CFPS）2010 年的基线调查数据表明，2010 年中国城乡儿童出生体重低（0～3 岁）为 8.5%，城市为 5.0%，农村为 9.8%。该调查中，低出生体重儿，指出生时体重在 2.5 公斤（5.5 磅）及以下的儿童。因为 CFPS 是通过照料人代答的方式来搜集出生体重的信息，可能存在回忆误差（Chen，2015），其精确程度可能不如通过现场测量的儿童高度、体重以及出生证明上所记录的出生体重。

② 微量元素是指占人体总重量的 0.01% 以下，或日需要量为 100mg 以下的元素。微量元素在体内含量虽然微乎其微，但能起到重要的生理作用。膳食中维生素和矿物质等微量营养素缺乏即为“隐性饥饿”，“隐性饥饿”的症状往往不明显，不易被及时发现和重视。

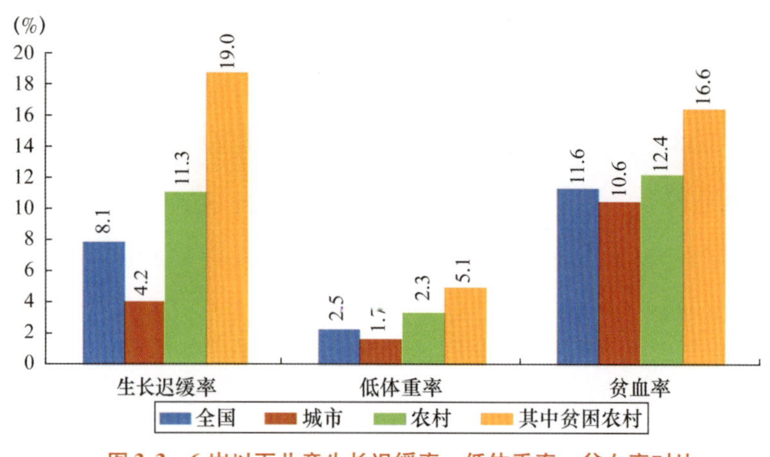

图 3.3　6 岁以下儿童生长迟缓率、低体重率、贫血率对比

资料来源：《中国居民营养与慢病状况报告（2015）》。

2000～2009 年 5 岁以下各年龄段儿童贫血患病率情况分析结果显示，6～24 月龄儿童贫血患病率最高，2～3 岁儿童贫血患病率是一个平台期，3 岁以后逐渐降低。2010 年，6～12 月龄农村儿童贫血患病率高达 28.2%，13～24 月龄儿童贫血患病率为 20.5%。2016 年国家统计局网站发布的《中国儿童发展纲要（2011－2020 年）》统计年鉴检测报告显示，儿童的健康水平稳步提高，5 岁以下儿童贫血患病率为 4.78%，相比 2010 年的贫血率有了较大改善。

分省情况来看，各地营养不良程度参差不齐。2015 年贫困地区儿童营养改善项目监测结果显示，中国贫困地区 6～24 月龄婴幼儿生长迟缓率为 7.6%，与 2012 年监测结果 10.1% 相比下降显著，但部分省份仍处于较高水平。湖南、重庆、贵州、宁夏、新疆婴幼儿生长迟缓率、低体重率、消瘦率均高于全国平均水平。河北、内蒙古、吉林、黑龙江、宁夏、新疆地区婴幼儿超重率及肥胖率高于全国平均水平，其原因一方面是饮食不平衡，另一方面是运动不够。随着营养缺乏问题的改善，营养过量的问题日益显现出来，贫困农村的营养问题由单纯的短缺转向双重负担。贫困地区 6～24 月龄婴幼儿总贫血率为 26.3%（其中，中度贫血率为 2.4%），为中度公共卫生问题①；特别是新疆婴幼儿贫血问题较为严重，贫血率达 43.4%，为重度公共卫生问题；吉林、黑龙江、安徽、河南、宁夏贫血率也高于全国水平（见表 3.2）。

表 3.2　　贫困地区儿童营养改善项目各省监测婴幼儿生长发育情况

省　份	生长迟缓率	低体重率	消瘦率	超重率	肥胖率	贫血率
河　北	5.7%	2.9%	5.4%	7.8%	2.8%	22.7%
山　西	4.3%	1.8%	2.3%	4.1%	0.9%	25.4%
内蒙古	6.1%	1.6%	2.9%	7.2%	2.3%	21.1%

① 根据世界卫生组织（WHO）对贫血公共卫生问题程度等级划定，人群贫血患病率达到 5%，即构成公共卫生问题，达到 20% 为中度公共卫生问题，达到 40% 为重度公共卫生问题。

续表

省　份	生长迟缓率	低体重率	消瘦率	超重率	肥胖率	贫血率
吉　林	3.8%	1.4%	3.8%	5.6%	1.4%	39.0%
黑龙江	4.4%	2.2%	4.0%	7.1%	1.9%	39.0%
安　徽	3.9%	1.9%	1.4%	4.4%	0.7%	29.9%
江　西	7.8%	3.0%	2.3%	0.8%	0.3%	13.8%
河　南	4.8%	1.7%	1.0%	3.8%	0.8%	28.1%
湖　北	5.0%	3.5%	3.6%	1.6%	0.3%	18.9%
湖　南	9.4%	8.1%	4.6%	1.0%	0.4%	26.3%
重　庆	8.4%	7.7%	6.5%	0.9%	0.0%	20.4%
贵　州	17.5%	11.0%	5.2%	1.1%	0.2%	17.5%
云　南	7.9%	5.4%	4.5%	1.0%	0.1%	25.2%
陕　西	4.8%	1.3%	0.7%	3.9%	0.7%	23.8%
宁　夏	12.8%	4.1%	3.7%	5.1%	1.4%	38.3%
新　疆	21.5%	9.1%	6.8%	3.9%	1.5%	43.4%

注：标粗体数据表示营养不良率高于全国平均水平。

儿童营养不良一部分始于母亲孕期和哺乳期，孕妇营养摄入不足和乳母营养摄入不足会影响婴幼儿生长和发育。虽然中国贫困地区孕妇总体营养不良发生率持续下降，但贫困地区孕妇和乳母营养不良发生率依然较高，成为儿童早期营养不良的根源。2010～2013 年中国疾病预防控制中心的营养与慢病状况数据显示，中国贫困农村孕妇、2 岁以下儿童乳母贫血患病率分别为 20.2% 和 14.4%，显著高于大城市的 15.8% 和 6.8%，以及普通农村地区的 16.1% 和 8.3%。较高的孕妇和乳母贫血是早期儿童贫血和营养不良的主要原因（见图 3.4）。同时，母亲的生育年龄是出生体重的一个非常重要的影响因素。Logistic 回归证据表明，25 岁以下母亲生育儿童的出生低体重率几乎是 25～35 岁母亲的 2 倍。然而，家庭贫困程度并非儿童出生体重低的一个显著影响因素

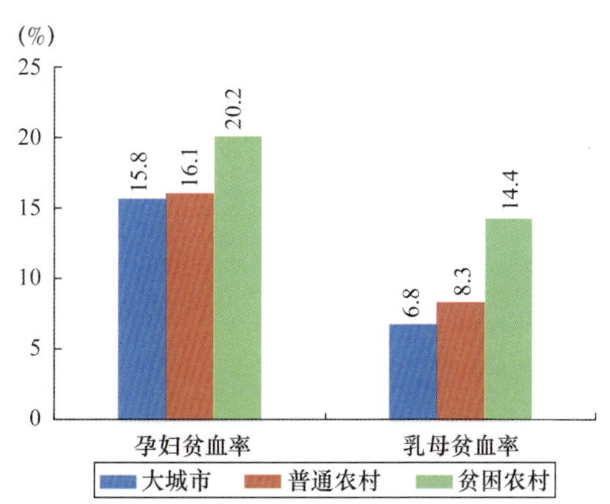

图 3.4　不同地区孕妇和 2 岁以下儿童母亲贫血率

资料来源：中国疾病预防控制中心营养与健康所：《中国居民营养与慢病状况报告（2010－2013）》，人民卫生出版社 2015 年版。

(Chenelal., 2015)。另外，母亲外出打工对留守儿童营养状况可能会产生影响。2013 年对中国 13 个省贫困地区 6 岁以下儿童营养健康相关的数据分析发现，母亲在外打工的 1 岁半以下儿童的生长迟缓率是 15.5%，是母亲在家的儿童的 1.5 倍。产生这个结果的原因是母亲为了外出打工赚钱，过早停止母乳喂养和对孩子的亲自照顾，因此不论从社会学角度还是营养健康角度，贫困地区母亲都应该得到全社会的最大支持，改善贫困地区 5 岁以下儿童营养状况要从孕期母亲营养改善做起，加强营养干预力度和干预范围（于冬梅等，2013）。

（二）婴幼儿母乳喂养及辅食添加[①]情况

尽管母乳喂养好处很多，但很多母亲并没有进行纯母乳喂养，而用母乳代用品喂养婴儿。有证据表明，贫困地区婴儿的纯母乳喂养率低于全国及全国农村地区平均水平。根据 2008 年第四次国家卫生服务调查，从全国来看，产后一小时内早开奶率为 41%，0～6 月龄儿童纯母乳喂养率为 28%，6～9 月龄儿童辅食添加率为 43%，12～15 月龄儿童继续母乳喂养率为 37%。

图 3.5 显示，婴幼儿从出生到 15 个月龄间的整体喂养状况欠佳。另外，城乡之间在母乳喂养方面差距明显。

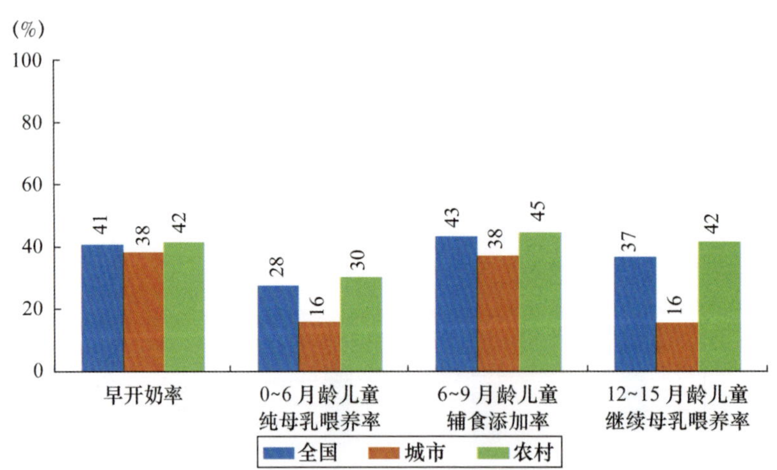

图 3.5　全国、城市以及农村地区早开奶率、儿童纯母乳喂养率、儿童辅食添加率以及 12～15 个月儿童继续母乳喂养率对比

根据 2013 年第五次国家卫生服务调查报告数据，5 岁以下儿童母乳喂养率为 84.6%（城市为

① 《柳叶刀》(Lancet) 杂志 2008 年文章建议推广以下营养干预策略：母乳喂养；在必要的情况下进行辅食添加，无论是否搭配膳食补充品均可；微量营养元素干预；通过广泛支持来提高家庭和社区的营养水平，降低疾病带来的负担。参见：Bhutta Z A，Ahmed T，Black R E，et al. What works? Interventions for maternal and child undernutrition and survival. *The Lancet*，2008，371 (9610)：417～440. 以及 Bryce J，Coitinho D，Darnton－Hill I，et al. Maternal and child undernutrition：effective action at national level. *The Lancet*，2008，371 (9611)：510～526.

83.5%，农村为 85.4%），6 个月以内儿童纯母乳喂养率为 58.5%（城市 62%，农村 55.4%），6～8 月龄儿童适时辅食添加率为 49.2%（城市 46.6%，农村 51.1%）（见图 3.6）。这表明中国政府高度重视母乳喂养，在促进母乳喂养方面做了大量富有成效的工作的。但同时，由于调查方法口径和方法的改变，是否由此带来了对实际纯母乳喂养率的高估还需要进一步的研究和观察。

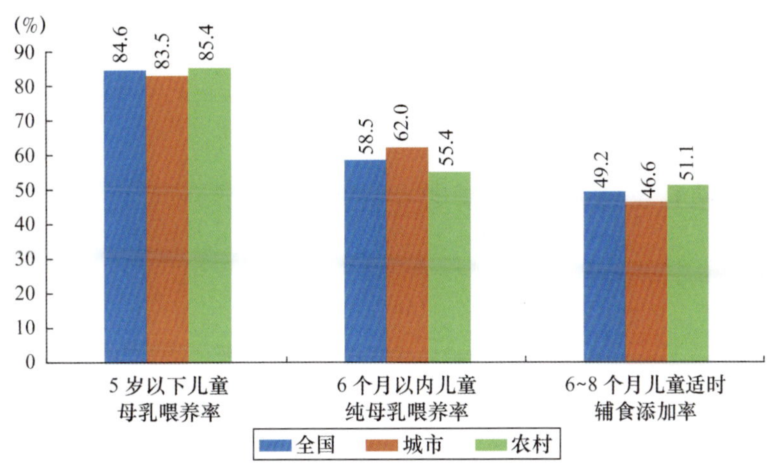

图 3.6 2013 年婴幼儿母乳喂养及辅食添加

资料来源：第五次国家卫生服务调查报告数据，2013 年。

全国妇联儿童工作部 2015 发布的《中国贫困地区 0～6 岁儿童营养及家庭养育状况》报告显示：贫困地区 0～6 个月婴儿纯母乳喂养率为 24.8%，不仅显著低于当时的全球平均水平，也显著低于全国平均水平①和全国农村地区平均水平。2003 年以来，贫困地区从未母乳喂养的比例有所增加。2003 年农村地区和农村贫困地区从未母乳喂养的比例分别为 1.5% 和 1.4%，而 2008 年二者的比例分别增加到 3.4% 和 1.9%（见图 3.7）。

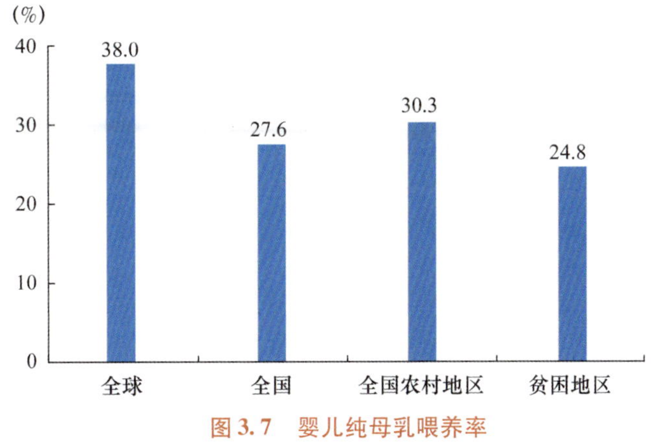

图 3.7 婴儿纯母乳喂养率

资料来源：全国妇联儿童工作部：《中国贫困地区 0～6 岁儿童营养及家庭养育状况》，2015 年。

① 第五次国家卫生服务调查显示，中国 2013 年 6 个月之内的纯母乳喂养率为 58.5%（城市 62.0%、农村 55.4%），提前实现了《中国儿童发展纲要（2011－2020）》“0～6 个月婴儿纯母乳喂养率达到 50% 以上”的目标。

一项研究分析了中国2010年贫困农村地区2岁以下婴幼儿喂养情况（见图3.8）。研究表明，婴儿出生1个月内的纯母乳喂养率为58.3%，4个月时降至29.1%，6个月时进一步降至13.8%。0~6个月婴儿（除了出生后第一个月外）不能纯母乳喂养的一个主要原因是喂水，其次就是喂配方奶粉。大约40%的新生儿都被喂食了母乳以外的东西，包括水（9.4%）、其他奶类（27.1%）、固体或糊状食物（3.0%）（郭素芳，2013）。

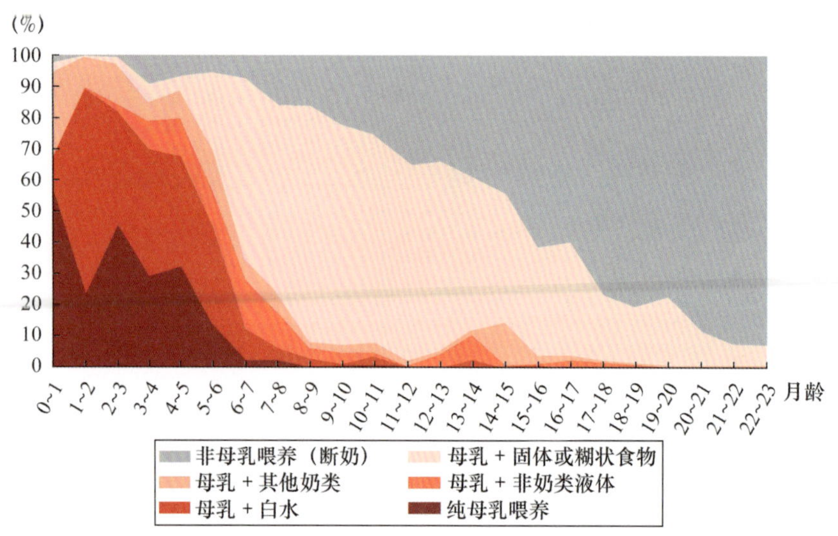

图3.8 2010年贫困农村地区2岁以下婴幼儿喂养情况

资料来源：郭素芳等："2010年中国中西部母乳喂养率：对儿童和人口健康的影响"，《世界卫生组织简报》，2013年5月第91期第5号，第313~388页。

对于6个月以后的婴幼儿，单一母乳喂养已经不能完全满足其能量以及营养素的需求，必须引入其他营养丰富的食物，也就是添加辅食。6个月以后合理地添加辅食能满足婴幼儿不断增长的营养需求，帮助婴幼儿实现从哺乳到家常膳食的过渡，是促进婴幼儿心理行为发育的重要过程，同时还可以有效预防成年期的感染性疾病。

食物多样性和膳食频次是评价婴幼儿辅食添加是否合理的两个重要指标。在中国农村地区，米汤、面片儿、糊糊等往往是这个年龄段儿童的主要食物，多样性缺乏，蛋白质不够，能量密度也低①。贫困地区儿童营养改善项目监测数据显示，贫困地区婴幼儿持续一年母乳喂养比例为47.6%，持续两年母乳喂养比例为23.5%。6~8月龄的婴幼儿辅食添加及时率为84.3%。辅食添加种类合格率为61.3%，且呈现出随着月龄增加，合格率显著增高的特点。辅食添加频次合格率为69.7%，母乳喂养频次合格率低于非母乳喂养②。婴幼儿总体达到最小可接受膳食的比例为

① 从习惯上的差距来说，中国的辅食都是家庭制作，而从科学道理上看，家庭制作通常质量达不到要求，尤其是能量、蛋白质、微量营养元素缺乏；另一个习惯是小孩跟大人一块吃，只要做软细一点就可以了，而事实上，儿童营养元素需求大于成人（陈春明，2013）。

② 非母乳喂养的婴幼儿在计算添加频次时除了包括固体、半固体食物外，还包括了添加配方奶粉、牛奶的次数，因此非母乳喂养婴幼儿添加频次合格率较高。

39.8%，随着月龄增加，母乳喂养组和非母乳喂养组的最小可接受膳食合格率均显著增高（见图3.9）。数据说明对于较小的婴儿，家长对辅食添加的重视程度更低，这可能与认识不足、辅食原料供应困难、配方奶粉过度宣传有一定的关系。贫困地区不恰当的婴幼儿喂养和低质量的辅食会造成生长迟缓和微量营养素缺乏，这不仅是扶贫问题，也是科学问题，与传统喂养观念在贫困地区依旧存在密切相关，与贫困地区健康教育工作的普及工作力度及效果也有关联。下一阶段需要通过营养干预快速提升贫困地区婴幼儿营养状况。

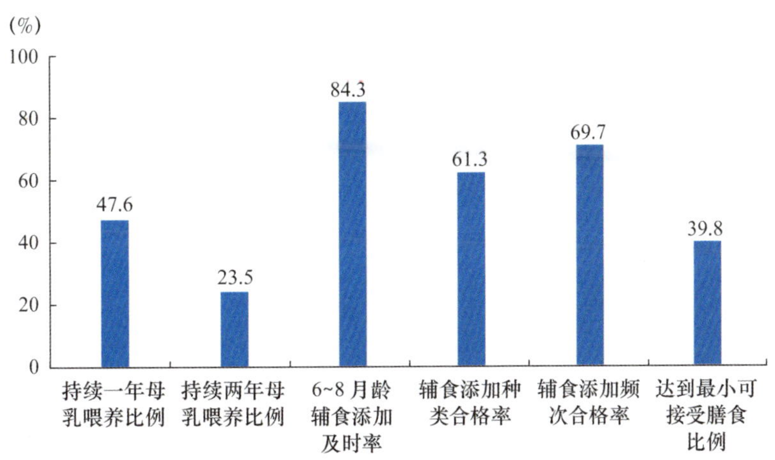

图3.9 贫困地区母乳喂养及辅食添加关键指标

数据来源：贫困地区儿童营养改善项目监测数据。

【专栏3.1】 婴儿纯母乳喂养和辅食

为满足儿童日益增长的营养需要，世界卫生组织和联合国儿童基金会建议：产后一小时即开始母乳喂养；生命最初6个月应进行纯母乳喂养；在婴儿6个月龄时增加有足够营养和安全的补充（固体）食品，同时持续进行母乳喂养至2岁或2岁以上。

6个月纯母乳喂养对婴儿和母亲有诸多好处。母乳是婴幼儿获取能量和营养素的重要来源，并可降低营养不良和因腹泻及其他感染所导致的儿童死亡率。小时候得到母乳喂养的成人出现超重或肥胖的可能性较低。得到母乳喂养的儿童和青少年在智力测试方面的成绩会更好。母乳喂养还有益于母亲的健康和福祉，它可降低患卵巢癌和乳腺癌风险，并且有助于拉开生育间隔（对6个月以下婴儿进行纯母乳喂养可产生激素效应，通常会导致哺乳闭经期）——这是一种自然控制生育的方法，称为哺乳闭经避孕法。

6个月龄前后，母乳即满足不了婴儿对能量和营养素的需要，这时必须添加补充食物以满足这些需求。婴儿在6个月龄时可以开始吃其他食物。如果婴儿6个月左右仍不添加补充食物，或者补充不当，婴儿的生长发育就会受到影响。辅食添加时间过早，可能导致儿童母乳摄入量过少，难以保证营养需要，影响儿童消化系统的消化、吸收功能，进而引发腹泻、过敏性疾病等；而辅食添加时间过晚，儿童难以获得满足其生长发育的营养素，进而导致营养缺乏或生长迟缓。辅食应当为儿童提供足够的能量、蛋白质和微量营养素。辅食种类应丰富，包括谷物、肉类、豆类、坚果、深绿色蔬菜和水果等。

资料来源：世界卫生组织（WHO），http：//www. who. int/mediacentre/factsheets/fs342/zh/。

一些营养学家的研究结果同样表明：中国纯母乳喂养婴儿在6月龄之前的体格生长发育速度与国际标准一致，但是一旦断奶后，生长发育（特别是身高）速度就低于国际标准。原因是缺少营养充分的辅食添加。儿童的身高不足与贫血，虽然可以发生在儿童各年龄段，但关键发生在6~24月龄，即出生6个月到2岁左右这一狭窄的年龄段内。这与婴幼儿开始辅助食品添加的时段相一致（联合国儿童基金会，2015）。

（三）家长喂养知识

儿童看护人的教育水平，尤其是母亲的教育水平，对儿童的健康具有重要影响。贫困地区儿童营养改善项目监测数据显示（中国疾病预防控制中心营养与健康研究所，2016），婴幼儿看护人以母亲为主，占75.8%，其次是祖父母或外祖父母，占22.6%。母亲文化程度以初中为主，占62.1%（图3.10）。母亲职业以家务为主，占52.7%（图3.11）。

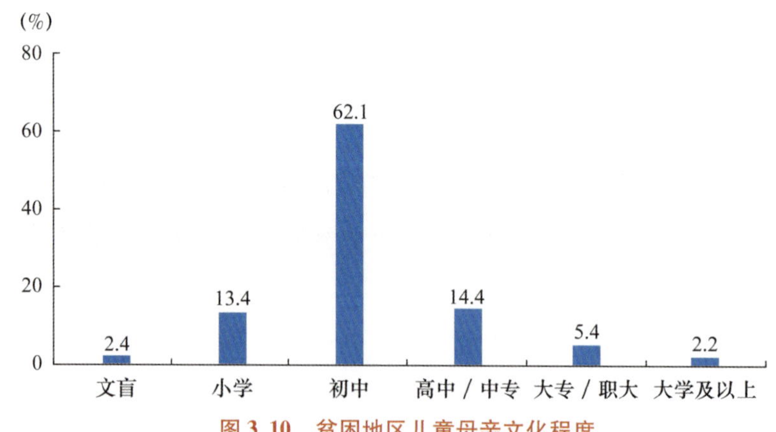

图3.10　贫困地区儿童母亲文化程度

资料来源：中国疾病预防控制中心营养与健康所：《贫困地区儿童营养改善项目监测报告（2015－2016）》，2016年。

贫困地区婴幼儿看护人在辅食添加方面的认知需要提高。48.9%的看护人能够正确认识到添加辅食最合适时间为6个月，但有75%的看护人认为辅食添加时间在4~6个月，4.9%的看护人存在辅食添加过早、19.1%的看护人存在辅食添加过晚的认知。有55.1%的看护人知道最先开始添加的辅食是谷类等泥糊状食物，但仍有29.9%的看护人认为应该首先添加蛋黄。看护人对引起

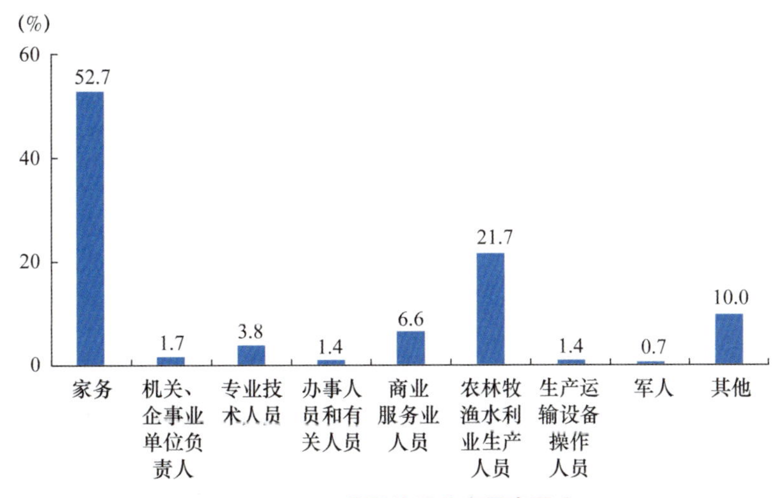

图 3.11 贫困地区儿童母亲职业

资料来源：中国疾病预防控制中心营养与健康所：《贫困地区儿童营养改善项目监测报告（2015－2016）》，2016年。

贫血的原因知晓率为52.6%，但是大多数表示并不知晓最佳的补铁食物，知晓率仅为22.8%。在调查地区只有15.9%的看护人认为应该母乳喂养至2岁，多数看护人（34.7%）认为应该喂养至儿童12个月。

【专栏3.2】 改变家长喂养方式的尝试：妈妈学校

“妈妈学校”由中国发展研究基金会于2009年发起，首先在青海省乐都区展开。该项目瞄准的人群是贫困地区孕产妇及其家庭。研究人员在前期调研中发现，农村看护人，不论是父母亲还是祖父母，在喂养知识、孕妇保健等方面都存在严重的知识短板，甚至有的父母将家中的鸡蛋拿到市场上变卖，卖出的钱换成小零食，比如凤爪、方便面一类的食物给孩子食用。问其原因，家长的回答是传统上认为鸡蛋是发物，不能多吃，而凤爪一类的食物有味道，孩子爱吃。

“妈妈学校”这一社会试验通过县、乡镇和村级的妇幼保健人员、依托乡/村社区卫生服务中心进行妇幼保健、母乳喂养以及辅助喂养等内容的健康教育，以此来提高孕产妇和婴儿的营养和健康。同时，项目向孕产妇和母乳喂养阶段的母亲分发多元维生素补充片，每天2片。项目采取“有条件的现金转移支付”的方式，对参加项目的女性和儿童家庭提供一定标准的补贴，以此来提升项目的参与度。

2009～2013年，青海省乐都区和云南省寻甸县的13个试点乡镇、200个村庄，约有6000名孕产妇参加了项目，在两地共设立了61所“妈妈学校”。项目试点证明孕期营养干预有效降低了新生儿出生低体重率，青海省乐都区参与项目的新生儿出生低体重率从2009年的7.31%下降到3.21%。

资料来源：作者整理。

（四）贫困地区儿童营养改善项目

为改善贫困地区儿童营养和健康状况，促进儿童生长发育，降低婴幼儿营养不良和贫血率，提高儿童看护人科学喂养知识普及程度，2012 年，国家卫生计生委和全国妇联在贫困地区开始实施贫困地区儿童营养改善项目，免费为贫困地区 6～24 月龄的婴幼儿发放营养包。

该项目从 2012 年的 10 个省 100 个县，已经扩展至 2015 年的 21 个省 341 个贫困县，累计 267 万名 6～24 月龄婴幼儿受益。中央财政资金投入逐渐增加，从 1 亿元增加到 5 亿元，累计投入 14 亿元，少数项目省份提供了配套资金。2015 年，85% 的省份完成国家任务，各省营养包目标儿童覆盖率平均为 85%。各省营养包平均有效服用率达到 83%，原定标准为 60%。在中国发展研究基金会于 2016 年开展的一项关于营养包的调研中，在问卷调查的 43867 个项目村中，80% 的村可以做到目标儿童适时进入（满 6 月龄）和退出项目（满 24 月龄）。

营养包中含有婴幼儿成长必需的优质蛋白、维生素和矿物质等多种营养物质。基于中国农村贫困地区家庭经济困难和家长营养、养育知识普遍缺乏的现状，营养包作为一项科学简便、投资小收益大的干预手段，有效缓解了贫困地区婴幼儿营养元素摄入不足、种类单一的问题，奠定了儿童脑神经发育关键期的营养基础，减少了贫困地区儿童因营养不良导致的生长发育障碍等问题。

【专栏 3.3】 贫困地区儿童营养改善（“营养包”）项目：从试点到推广

营养包是由营养学家、中国预防医学科学院（中国疾病预防控制中心的前身）第一任院长陈春明教授为首的团队研制和率先试点。中国第一个“营养包”效果研究试点，于 2001～2003 年在甘肃省天祝、定西、景泰、静宁、清水 5 个国家级贫困县试点。项目确定了 1000 名 4～12 月龄的婴幼儿为“营养包”干预组，另有 500 名同龄段婴幼儿为对照组。

研究结果显示，干预组儿童贫血患病率显著降低，年龄别身长和年龄别体重的改善也显著好于对照组。同时，24 个月后测量的总发育商，干预组儿童智力发育也优于对照组儿童。

排除各种干扰因素后，调查结果证明：婴幼儿时期（6～24 月龄）“营养包”干预对儿童的智力发育不但效果明显，而且效果可以长期持续。2009 年的随访依旧证明，干预组儿童（那时已经 8～9 岁）总智商比对照组高 2.0 分。

2008 年汶川发生大地震，营养学家赴震区开展工作，发现十分严重的婴幼儿低体重率、生长迟缓率及贫血率，向有关部门紧急申请后，在震区利用“营养包”进行营养干预，约有 6000 名儿童接受了干预，效果显著。

2009 年 9 月，中国发展研究基金会在青海乐都县率先启动了 3 年的贫困地区儿童早期发展项目。在 9 个试点乡镇，给所有满 6 个月龄的婴幼儿每天补充 1 袋“营养包”，至儿童满 24 个月为止。

2010 年 4 月，中国发展研究基金会在云南省寻甸县启动了“贫困地区儿童发展项目”，为 4 个试点乡镇所有满 6 个月龄的婴幼儿每天补充一袋“营养包”，至儿童满 24 个月为止。

2010 年 4 月，联合国儿童基金会支持中国疾病预防控制中心在四川、甘肃和陕西的 8 个县开始实施为期 18 个月的“营养包”干预项目，为 6 ~ 24 月龄的婴幼儿每天提供一份“营养包”，共计覆盖 6 ~ 24 月龄婴幼儿 3 万多人。

2011 年，全国妇联、原卫生部、中国儿童少年基金会共同推出“消除婴幼儿贫血行动”大型公益项目，资金来源为社会爱心人士捐款。首批在我国西部 10 个省的 32 个国家扶贫开发工作重点县实施，约 23 万名 6 ~ 36 月龄婴幼儿受益。

2011 年 11 月，青海省政府投入 1000 万元用于开展以“营养包”干预为主的婴幼儿营养改善工作。

2012 年 6 月 20 日，全国妇联、原卫生部、中国儿童少年基金会第二批全国消除婴幼儿贫血行动项目县启动，在西部 11 个省份新增 35 个国家扶贫开发工作重点县实施，增加受益婴幼儿数量约 23 万名。

2012 年 7 月，原卫生部决定开展“贫困地区儿童营养干预试点项目”。中央财政拿出 1 亿元专项经费，在全国 10 个省（区、市）8 个国家集中连片特殊困难地区的 100 个县，免费为 27 万多名 6 ~ 24 月龄的婴幼儿每天提供 1 包“营养包”。

2013 年贫困地区儿童营养改善项目范围扩大到 21 个省份的 300 个县，中央财政专项经费增加到 3 亿元，受益儿童数量达到 40 万。

2014 年，贫困地区儿童营养改善项目经费投入增加至 5 亿元，21 个省份的 341 个贫困县为全部 137 万儿童提供免费“营养包”。

2016 年，中国发展研究基金会受国家卫生和计划生育委员会妇幼健康服务司的委托，对营养包项目展开了一轮第三方评估。评估发现，项目取得显著成效，改善了贫困地区婴幼儿营养健康状况。项目执行中也存在一些问题和亟待防范的风险，主要体现在有效服用率有待提高、招标采购成为突出难点。现有的招标采购评定方法中价格分权重偏高，产品质量和配套服务评分偏低，导致低价竞标，部分项目地区多次出现营养包变味的严重食品质量事件，有损国家政策的公信力。同时，现有招标要求对竞标企业技术、资质等方面的要求笼统宽泛，“营养包”生产企业准入门槛过低，存在质量事故风险。

资料来源：陈四益：“营养包的故事”，http：//www. chinanutri. cn/xwzx_ 238/xyxw/201510/t20151019_ 121165. html；中国发展研究基金会：《贫困地区儿童营养改善项目效果评估报告》，2016 年。

三、贫困地区营养与健康现状改善面临的问题和挑战

中国贫困地区儿童营养与健康改善取得的成绩与以下三个方面密不可分。首先，政府高度重视是儿童营养改善的重要保障。政府通过出台一系列的法律法规，奠定了儿童营养改善的基础。扶贫开发战略和最低生活保障政策使低收入家庭的收入和食物支出得到提高，从而改善了贫困地区儿童营养状况。其次，经济社会发展是儿童营养改善的前提条件。一方面家庭收入增加提高了人均食物消费能力，另一方面膳食结构优化促进了儿童营养的全面和均衡。母亲或看护人教育水平的提高也有助于儿童营养状况的改善。再次，医疗卫生事业发展是儿童营养改善的重要支撑。这主要表现在儿童营养法规和规范不断完善、妇幼保健服务全面提升、儿童营养干预广泛开展、儿童营养监测不断完善等（《中国 0 ~6 岁儿童营养发展报告（2012）》，2012）。

中国儿童营养改善在取得显著成就的同时，也面临以下一些困难与挑战，需要引起重视。

（一）妇幼保健服务资源配置不足

政府对农村公共卫生服务经费投入有限，难以有效改善公共卫生条件。2016 年《国际统计年鉴》数据显示，2014 年中国医疗卫生支出占 GDP 的比重为 5.6%，低于 5.7% 的低收入国家平均水平，更远低于 10.0% 的世界平均水平。在医疗卫生经费有限的情况下，地方政府往往重临床、护理，轻妇幼保健。省市县妇幼保健差异很大，基层、贫困地区卫生服务资源配置不足，卫生服务质量相对低下，主要表现在医疗卫生服务机构技术人员配置不足、专业技术水平较低。2011 年，基层妇幼保健人员以“大专”和“中专”学历为主，占 73.4%，拥有“大学本科”以上学历人员比例不足 2%；职称以“中级”和“师级/助理”为主，占 59.3%，拥有“正高”和“副高”职称的比例不足 7%。人才引进困难、管理培训机制不健全使得妇幼保健队伍建设困难重重。

（二）看护人科学喂养和养育知识不足

贫困地区儿童家长受教育水平普遍偏低，不少地区家长具有不合理的育儿观念和行为，对母乳喂养、辅食添加、断奶后如何喂养等科学喂养知识了解甚少，容易导致儿童形成不良的进食习惯，不利于保证儿童的营养均衡。农村母亲由于外出打工等原因，不能对孩子进行母乳喂养的情

况较多，家长外出务工、隔代抚养也容易对留守儿童的营养状况以及身心发展带来不利影响。与此同时，贫困地区家长对儿童成长进行监测和体检的意识不强，一些营养和健康问题不容易及时被发现和治疗。

（三）流动、留守儿童营养问题更加突出

2015 年，我国流动人口达 2.47 亿人，由此带来大量跟随父母的流动儿童。段成荣等人根据国家统计局 2010 年全国人口普查数据推算，中国 0～5 岁流动儿童和 0～5 岁农村留守儿童人数分别为 900 万人和 2342 万人，分别占 0～5 岁儿童总人数 9026 万人的 9.97% 和 25.95%（联合国儿童基金会，2014）。由于生活条件差、看护人教育水平低等原因，流动儿童与留守儿童均存在不同程度的营养不良。2009 年农村留守儿童的生长迟缓率和低体重率均显著高于非留守儿童，约为非留守儿童的 1.5 倍。多个城市的流动人口儿童健康状况调查结果显示：流动儿童贫血患病率明显高于城区儿童，体格发育状况明显落后于城区儿童。另外一些研究表明，对于不同居住方式的儿童来说，流动、留守儿童出生体重低（0～3 岁）、一月患病率（上个月）（0～3 岁）均处于较高水平，在身体健康的诸多方面都处在劣势的地位。其中，处境最差的是农村留守儿童，以及城镇和农村地区单亲/孤儿家庭的儿童（Chen et al.，2015）（见图 3.12）。一项基于全国 27 个省 140 个村 434 个留守儿童家庭的调查表明，留守儿童由于父母不在身边，日常饮食种类比较单一，很少注意饮食搭配是否合理、营养。同时，留守儿童的衣着卫生状况相对较差。隔代人作为监护人照顾的留守儿童，其卫生状况远不如其他孩子。学龄前留守儿童平均身高和体重为 0.91m、21.88kg，非留守儿童平均身高、体重为 0.96m，22.08kg（华中师范大学中国农村研究院，2016）。

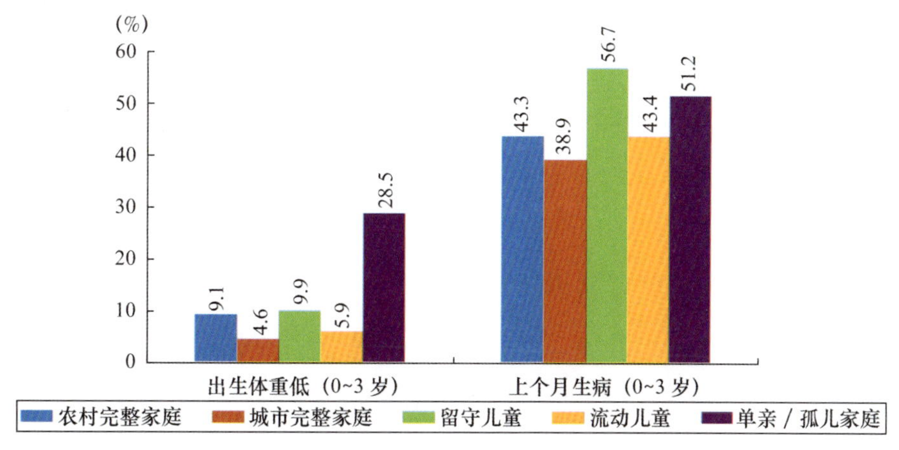

图 3.12　2010 年分居住类型中国儿童健康状况分布

资料来源：Chen et al.（2015）。

但也有研究得出不同的结论，认为除了心理健康，贫困地区留守儿童在健康和学业成绩等其他各方面，均略好于父母双方在家的儿童（中国发展研究基金会，2013）。因此，研究留守儿童问题需要进一步细分家庭不同的经济状况。因为家庭在收入和照料两方面寻求平衡，在经济状况不同的贫困农村，留守有不同的影响。在经济较差的贫困农村，父母外出对孩子更有益；而在经济较好的贫困农村，父母外出对孩子有负面影响。此外，父母中的一方外出，对孩子有益；而父母均外出，对孩子有负面影响（财新网，2016）。有研究表明，相比于在本地从事非农就业和从事农业，母亲在外打工的儿童营养状况最差，而母亲在本地从事非农就业和从事农业虽然在收入上有明显差异，但是儿童营养状况却没有显著差异（王震，2013）。

四、改善贫困地区营养与健康现状的策略措施

（一）加大对贫困地区和留守儿童营养与健康的投入力度

将儿童营养改善作为提高国民素质的战略任务，纳入国民经济和社会发展规划、卫生事业发展规划、扶贫开发规划中，完善相关保障制度和政策措施，加大投入力度，建立稳定的儿童营养改善经费保障机制。以农村，特别是贫困地区农村为重点，实施学龄前儿童营养与健康干预项目，更加关注流动和留守儿童等弱势儿童群体的营养与健康问题，积极探索改善其营养状况的有效模式，促进不同地区和人群之间的儿童营养均衡发展。

鉴于母亲就业地点和状态对农村5岁以下儿童营养状况有显著影响，相比于收入效应，母亲的照料、喂养和抚育对于农村5岁以下儿童的营养状况更加重要。需要通过户籍制度和社会保障制度的改革以及在贫困地区创造更多的就业机会，减少母亲单独外出务工，让5岁以下的儿童有更多的机会得到母亲的养育和照料。

（二）加大对贫困地区营养和喂养指导

切实加强妇幼保健服务和健康教育，继续开展乡村医生的培训和家长婴幼儿喂养知识的宣传教育，加强合理膳食指导，提倡科学合理的膳食结构。在家庭现有条件下合理搭配食品，提高膳食的质量，培育良好的卫生和饮食习惯。为孕产妇提供针对性的营养指导，合理补充营养素，预

防和治疗孕产妇贫血等疾病。

对监护人开展因地制宜的营养和喂养指导，提高 6 个月纯母乳喂养率，培养科学喂养行为，研究制定婴幼儿科学喂养策略，宣传引导合理辅食喂养，通过营养教育来弥补母亲文化低带来的负面影响。通过政策和体系动员，切实提升全社会对贫困地区早期儿童营养重要性的认知，提升全社会对贫困地区孕期、哺乳期和辅食营养重要性的认知，改进不恰当的养育观念。建立相关科普项目，因地制宜制定孕妇、乳母营养和早期儿童喂养的科学指南，开展区域性的精准分类指导和宣传教育，促进合理添加辅食，预防和治疗营养不良、贫血、肥胖等儿童营养性疾病。

（三）继续实施妇幼人群营养干预计划

继续推进补充叶酸预防神经管畸形项目，为孕期妇女提供含叶酸、铁在内的多种微量营养素补充，减少孕妇贫血患病率，预防新生儿营养缺乏相关出生缺陷；在合理膳食基础上，推动开展孕妇、乳母营养包干预项目。开展孕前和孕产期营养评价与膳食指导。推进县级以上妇幼保健机构对就诊人员进行营养指导，将营养评价和膳食指导纳入我国孕前和孕期检查；开展孕产妇的营养筛查和干预，降低出生低体重率和巨大儿出生率。

（四）持续扩大贫困地区儿童营养改善项目

继续推进“贫困地区儿童营养改善项目”，逐步覆盖全部集中连片贫困县和国家级扶贫开发工作重点县，覆盖人群由 0 ~ 2 岁儿童扩展至 3 ~ 5 岁儿童、孕妇和乳母。探索和研究改善婴幼儿辅食营养补充的新观念和新技术，针对贫困地区人群营养需要调整营养包所含营养素种类，制定、完善、实施干预的营养食品标准；持续开展贫困地区幼儿园营养健康状况、营养餐、营养食品的监测评估；为极度贫困人群提供食物援助。

充分借鉴中国发展研究基金会“贫困地区儿童早期发展”项目的实施经验和评估结果，通过合理有效的干预，促进贫困地区儿童营养与健康状况，从而缩小城乡之间和地区之间在儿童早期发展方面的差距[①]，阻断贫困的代际传递。

① 与基线调查相比，乐都县营养干预试点实施 20 个月后，6 ~ 24 个月儿童生长迟缓率比基线调查时下降了 28.8%，贫血率下降了 12.9%。与全国农村地区比较，乐都县干预组 0 ~ 3 岁儿童的生长迟缓率（7.5%）已低于 2010 年全国农村平均水平（10%），低体重率（6.2%）已低于全国贫困农村的平均水平（7%）。与青海省其他贫困农村和城镇地区比较，乐都县干预组的生长迟缓率、低体重率明显低于乐都对照组和平安县、尖扎县农村地区；乐都县干预组的贫血率已低于青海省城镇地区。

（五）改进贫困地区儿童营养改善计划的实施效果

一是国家要指导营养改善工作的科学实施，制定相应的生产标准，企业和市场要提供定价合理、适宜入口的产品。二是需要有健全的发放渠道和服务，建立健全发放者报酬机制，提高可及性。三是探索建立幼儿园营养餐补助标准机制，鼓励贫困地区幼儿园结合本地资源因地制宜开展合理配餐，并改善在园儿童就餐条件。

（六）完善儿童营养监测体系

逐步完善儿童营养监测体系，将儿童营养状况作为评价区域经济社会发展的重要指标，纳入国家统计公报，定期向社会公布。开展针对贫困地区儿童的体重管理策略，重视均衡营养，预防超重和肥胖。加强贫困地区儿童系统保健管理，分析影响儿童生长发育的相关危险因素，定期进行健康检查，发现疾病及时进行治疗。

第四章

贫困地区儿童的早期养育

0～3 岁是儿童早期发展的关键期。为这个阶段的幼儿提供充分的营养和养育刺激，能建立安全健康的亲子依恋关系，促进幼儿在认知、心理和社会情感方面的健康成长，为今后各阶段的学习和生活奠定坚实的基础。当前在我国城镇地区，幼儿抚养人对早期养育普遍有了一定程度的认识和重视，并且有众多市场化专业机构提供服务。而在农村地区尤其是贫困农村地区，存在数量众多留守儿童的同时，幼儿抚养人普遍缺乏对早期养育的认知和相应的养育技巧，幼儿发育迟缓率高，需要及时进行社会干预，提供相应的公共服务。

一、儿童早期养育的内容和作用

“养”，《汉语大词典》的解释为：提供食物和生活必须，使之能生活下去。“育”，《说文解字》的解释是：养子使作善也。父母的养育行为对孩子身心发育至关重要。促进儿童早期发展的积极经验包括充足的营养、积极的看护、积极的刺激以及家庭对早期学习的支持。这些积极经验对 3 岁以下的儿童尤其重要，因为这一时期的儿童主要受到家庭内“微观系统”以及直接环境的影响——尤其是与父母、祖父母、兄弟姐妹和其他看护人之间的关系和互动。

研究发现，婴幼儿有各种不可或缺的需求（见专栏 4. 1）。

【专栏 4. 1】　婴幼儿不可或缺的需求

所有婴幼儿都有以下七种不可或缺的需求。

（1）不间断的养育关系。每个婴儿需要和主要抚养人建立一种温暖亲密的关系，而这种关系需要维持许多年，而不仅仅是几个月或者几周。这一点对于儿童情感和智力的发展来说要比早期的认知训练或教学游戏更为重要。如果这种关系匮乏或被中断，孩子的推理能力、动机和依恋的发展就会失调。婴儿、初学走路的幼儿和学龄前儿童在大部分醒着的时候都需要与抚养人形成互动关系。

（2）身体保护、安全和调节。无论在子宫内还是在婴儿期，儿童需要一个能够保证不受身体和心理伤害、不受化学毒素侵害、不受暴力影响的环境。

(3) 适合个体差异的经验。每个儿童都有着独特的、不同于他人的性情。通过改变早期经验，使之利于儿童个性的培养，能够避免出现学习和行为问题，从而使每个儿童的潜力得到充分开发。

(4) 适宜发展的经验。不同年龄段的儿童需要适合其发展阶段的关爱。不切实际的期望会妨碍儿童的发展。

(5) 限度设置、条理性和期望。儿童需要条理性和纪律。纪律可以使他们学会自觉约束自己、疏导攻击行为以及用和平方式解决问题。为了达到这一目的，成人除了为儿童设置各种限制外，还应具有移情能力。儿童需要的是不同的期望而非固定的称号，并且成人既要相信他们的潜能又要对他们的弱点给予理解。他们需要激励机制而非失败模式。

(6) 稳定的、支持性的社区和文化。为了让儿童获得完整感和融合感，儿童需要在一个稳定的社区里成长。这就意味着除了让儿童接触多样性环境之外，还要在家庭、同龄群体、宗教和文化中保持价值观念的延续性。

(7) 保护人类的未来。满足儿童的这些基本需求应该是我们的重中之重。如果做不到这一点，我们就会危及孩子们的未来。

资料来源：Brazelton T B, Greenspan S I. The irreducible needs of children: What every child must have to grow, learn, and flourish. Da Capo Press, 2001.

早期教育应该是全面的，但在不同阶段，依据儿童身心发展特点，教育的内容与方式可以有轻重缓急之分。儿童在0~3岁期间，成长的环境是以家庭为中心的，养育占有较大的比重，这一时期最重要的早期教育方式依次是积极反馈、给予充分的爱，帮助爬、站、走等动作与运动，提供丰富的感官刺激与练习（见表4.1）。这个阶段的早期教育不应该是以知识、技能为主的学习，可以从儿童的情感入手，在愉悦的情感中发展动作、语言等能力，注重通过丰富各种感官的早期刺激[①]，让儿童“耳聪目明”，为后续的学习奠定基础。对婴儿和儿童的众多刺激研究表明，培养、激发儿童与父母及看护者积极互动，可永久强化他们的学习能力，甚至会永久性地改变大脑功能（联合国儿童基金会，2015）。

① 早期刺激（Stimulation）是指通过与婴幼儿说话、一起玩耍和提供相应友好的环境对婴幼儿的精神和社会行为发展需求进行回应。看护人和婴幼儿进行与发育阶段相匹配的早期刺激活动，可以促进儿童心理行为发育，从而可以对学习和就业的成功产生积极影响。缺乏刺激可能导致基本神经环路发育中断，从而影响儿童早期发展，尤其在越早进行刺激可能更容易通过加强神经环路发育促进认知过程和大脑功能。转引自：佘宇、张冰子：《适宜开端：构建0~3岁婴幼儿早期发展服务体系研究》，中国发展出版社2016年版，第175~176页。

表 4.1　帮助母亲关注儿童发育

时间段	玩	交流
小于 4 个月	通过多种方式让孩子去看、听、感觉与运动	注视孩子的眼睛并且对着他（她）微笑，尤其在哺乳时，这是与孩子交流的最好时机
4～6 个月	用一些体积大、颜色鲜艳的东西让孩子抓取，并让他（她）尝试去看一些新鲜的东西	对着孩子讲话，尝试着用声音和手势与孩子交流
6～12 个月	给孩子一些干净、安全的家庭用具让他（她）去抓、敲、扔	对孩子的声音以及孩子感兴趣的东西做出反应，同时教孩子一些物品及人物的名称
12～24 个月	给孩子一些东西让他（她）叠高，同时让他（她）学习从盒子里取出和放进东西	问一些简单的问题，对于孩子尝试着学习说话的行为做出积极的应答。让孩子学习说“再见”
2 岁及 2 岁以上	教孩子数数，说出一些东西的名称以及比较事物间的不同，让孩子玩一些简单的家庭用具	鼓励孩子多说话，多回答母亲的问题，可以给孩子讲故事、念儿歌及玩游戏

资料来源：金星明等（2005）。

在儿童生命的早期，父母和其他照料者是环境影响的关键因素。儿童在值得信赖的亲密关系中能够获得关爱和温暖的照顾，产生安全感，形成敏感的互动以及亲子之间的积极探索，从而促进儿童的认知、心理和社会交往的健康成长。反之，如果缺乏这样的亲密关系，那么儿童的发育就会受到阻碍，而且后果可能是严重而且长期的。对于这些儿童，如果提供或使他们重新拥有一种敏感的照料关系，那么他们的发育迟缓就会得到很大程度的缓解和恢复。这意味着，儿童早期发育异常发现的越早，干预越早和及时，恢复的可能性就越大。

二、儿童早期养育面临的问题和挑战

3 岁前，中国儿童接受的早期养育以家庭养育为主。中国家庭儿童早期养育能力薄弱的现象仍然存在，主要表现在：很多家庭对儿童的养育和照料知识掌握不足，不了解儿童养育、儿童营养、儿童早期发展、卫生保健的知识和相关的服务信息，因而以不利于健康的方式照顾儿童（《中国儿童福利示范项目中期评估报告》，2013）。由于贫困和留守问题突出，贫困家庭在投入儿童早期养育方面有着不同于一般家庭的需求，如其为生计奔波更忙碌，在生计与育儿之间寻求平衡越来越难、生存重压带来的抑郁和焦虑、受教育水平较低且缺少成功体验已经形成对教育机构的消极情绪和偏见等。中国农村地区特别是贫困地区早期养育改善面临不少问题和挑战。

（一）贫困地区儿童早期养育面临的问题

1. 人口结构变迁给儿童早期养育带来严重挑战

由于外出务工造成地域分割，留守儿童规模快速膨胀，隔代养育现象突出，给儿童早期养育带来了巨大的挑战。全国妇联 2012 年的一项调查发现，农村留守儿童年龄结构发生变化，学龄前儿童规模快速膨胀。学龄前农村留守儿童（0～5 岁）达 2342 万，在农村留守儿童中占 38.37%，比 2005 年的学龄前农村留守儿童增加了 757 万，增幅达 47.73%。农村 0～5 岁留守儿童中，父母都外出所占比例为 47.08%，仅父亲外出所占比例为 36.93%，仅母亲外出所占比例为 15.99%（见表 5.2）。中西部地区的农村留守儿童受教育状况相对较差。隔代照料农村留守儿童的祖父母的受教育程度很低，在抚养和教育留守儿童时面临诸多的困难和挑战（全国妇联课题组，2013）。因为和父母的长期分离，留守儿童生活照顾、安全保护和接受教育都受到不同程度的影响，留守儿童面临亲情缺失、生活抚育、教育监护、安全保护和平等接受教育等问题。特别是亲情缺失，会造成一生无法弥补的缺憾。

表 4.2　农村 0～5 岁留守儿童的居住类型

外出情况	居住类型	百分比（%）
父母都外出	单独居住	1.90
	祖父母	38.85
	其他人	6.33
	小　计	47.08
仅父亲外出	单独与母亲	13.98
	母和祖父母	22.95
	小　计	36.93
仅母亲外出	单独与父亲	4.93
	父和祖父母	11.06
	小　计	15.99
合　计		100

资料来源：2010 年全国第六次人口普查长表数据。转引自全国妇联课题组：《我国农村留守儿童、城乡流动儿童状况研究报告》，2013 年。

2. 贫困地区儿童早期养育环境差和方式不当

一项研究也表明，农村儿童在家庭中接受的早期刺激不足，而贫困、边境或少数民族县的孩子的家庭育儿环境最差。在云南农村，由祖父母或其他亲戚而不是父母照顾的儿童比例为25%，其中大部分是留守儿童。接受调查的父母平均受教育水平为初中，祖父母平均只接受过小学教育。云南省贫困县72%的家庭称，他们从来没有和自己的孩子玩耍过；47%的家庭称，他们从来没有给孩子读过书；80%的家庭称，他们家里没有任何书籍。约90%的家庭有在幼儿面前吸烟的情况（梁晓燕等，2014）。中国发展研究基金会2015年在甘肃省华池县、2017年在贵州省毕节市七星关区、新疆维吾尔自治区吉木乃县进行的基线调查表明，华池县、七星关区、吉木乃县未经过任何营养和教育项目干预的0~3岁幼儿，Denver II（上海市小儿发育筛查量表II）筛查结果发现可疑率和异常率分别为19%、56.2%和43.4%。而在上海，这一比率不到10%（中国发展研究基金会，2015、2017）。其主要原因一是营养不足，二是养育不科学。其中儿童监护人不懂如何科学的养育孩子，是最大的问题。

表4.3　部分机构对婴幼儿养育监测结果

机构	地区	人群类型	监测指标和监测结果
中国发展基金会	甘肃华池县111个村	7~10个月婴儿	轻度和中度贫血患病率合计40.8%，高于全国农村地区和贫困农村地区平均水平
			丹佛发育筛查结果为“可疑”（需进一步诊断是否异常）及“异常”的比例共占19%，远高于城市地区相应比例
		7~16个月婴儿	家长给孩子看图片或儿童书、教孩子辨认声音和对孩子唱歌的比例，不及城市地区相应比例一半
		17~19个月婴儿	家庭分别只有24.4%、25.4%和32.6%会给孩子讲故事、教孩子辨认颜色以及教孩子辨认大小
	贵州七星关区9个村	1~24个月婴幼儿	轻度和中度贫血患病率合计34.97%，高于全国农村地区和贫困农村地区平均水平
		6~24个月婴幼儿	丹佛发育筛查结果为“可疑”（需进一步诊断是否异常）比例26.4%，“异常”比例29.8%，远高于城市地区相应比例
			贝利婴幼儿能力发展测试结果87.4%的样本儿童在认知、语言、运动或社会情感能力方面，至少存在某一方面能力发展落后于正常儿童发展水平的状况。“认知”能力发展水平和正常儿童相比平均落后了1.3个月
	新疆吉木乃县6个乡镇，1个生产建设兵团	6~24个月婴幼儿	轻度和中度贫血患病率合计64.65%，大大高于全国农村地区和贫困农村地区平均水平
		15~24个月婴幼儿	丹佛发育筛查结果为“可疑”（需进一步诊断是否异常）比例23.2%，“异常”比例20.2%，远高于城市地区相应比例
斯坦福大学和中国科学院	五省100个村	婴幼儿	隔代抚养的婴幼儿比例逐步从20%（6~12月龄）增加到60%（24~30月龄）
	陕南地区11个贫困县	6~12个月婴幼儿	贫血比例达到49%；大约1/4的婴幼儿智力发育水平、约1/3的婴幼儿运动能力发展水平比同年龄段正常婴幼儿滞后

资料来源：中国发展研究基金会：《“慧育中国”课题组基线测试报告》，2015年；2016年；2017年。农村教育行动计划（REAP），2015年。

3. 农村社区儿童早期养育功能和服务缺失

农村社区正在承担越来越多的功能，原有的围产期保健、产后访视等多项保健服务内容也已经从妇幼保健院、乡镇卫生院转移至农村社区。这为开展以社区为依托、与儿童保健服务内容有机结合、从胎儿期开始进行连续的儿童早期发展服务打下了很好的基础。但农村社区基层儿童保健人员大多由村级卫生人员兼任，普遍存在文化程度和专业技术水平相对较低、知识老化、待遇较低等问题，特别是缺乏儿童早期发展服务意识、能力和相应的激励机制，加上设备简陋、技术缺乏，缺乏与妇幼卫生等部门工作的有效衔接，使产前、产时和产后的围生期保健服务还无法做到实质意义上的连续，不能满足农村社区居民对儿童早期发展的需求。

4. 相关儿童早期养育支持政策乏力

总体来看，中国目前针对0～3岁儿童早期发展还未形成明确的政策体系，在制度建设、政策手段以及具体服务等方面还不完善，许多现行政策和辅助性立法更多的是意向性声明，缺少与之相匹配的更详细的具体战略和更加充足的公共资助。一是政府的早期教育管理机构不健全，人员缺乏，相关部门虽然参与了儿童早期发展的工作，但是仍缺乏统筹力度，没有一个强有力的政府机构承担主要责任，各部门往往会因为认识不统一或从部门利益出发而缺乏合作与协调，造成政策执行乏力。二是尚未形成独立的、专门针对儿童早期发展的家庭政策，只有包含在“其他政策文本中的相关政策”，政府针对儿童的政策法规的“碎片化”特征明显。目前在区县管理机构发挥主要作用的是教育部门和卫生部门，城市街道发挥主要作用的是民政部门和妇联，农村乡镇发挥主要作用的是乡镇中心园和乡村民办幼儿园。三是公共投入不足。与普及初等教育和促进性别平等相比，中国政府对婴幼儿早期保育和教育投入仍然较低。与社会其他群体（如老年人、高校大学生）相比较而言，政府针对儿童早期发展以及家庭抚育功能的支持还不足，代际间的福利差异较大。儿童保育和教育缺乏政府的资金支持，尤其是中央政府的投入。四是政策手段较为单一。从有限的资源投入来看，政府对0～3岁儿童及其家庭的公共政策主要集中在经济支持上，包括生育津贴、独生子女费、免费计划免疫接种以及一部分医疗补贴，针对儿童及其家庭所提供的公共服务较少，手段也比较单一。五是队伍整合困难。对0～3岁儿童早期发展及家庭支持的相关投入涉及卫生防疫、儿童津贴、早教设施等多个方面，并且分散在不同部门，如何整合各方优势，创新服务模式面临挑战。教育、卫生计生委、妇儿工委等部门都承担0～3岁儿童维权、教养和家长指导的任务，但各自为政，协调困难，基本上处于分裂的状态，很难发挥资金的集聚效应。同时，由于缺乏鼓励政策，也难以吸引社会资金（如来自企业、基金会、个人等的资金）的支持。资金匮乏造成早期教育和保育服务机构严重不足，不能满足社会需要。

以上这些因素的共同作用给贫困家庭的儿童带来双重不利影响，一方面获得早期积极养育的机会减少，另一方面获得高质量早期教育的机会也减少。贫困儿童家庭与富裕儿童家庭相比，前者参与幼儿保育和教育的可能性仍然较低，即使参与了，质量通常也不高。

三、儿童早期养育的政策实践

（一）“慧育中国”——甘肃华池县儿童早期养育试点项目

0～3 岁是儿童发展的关键时期。国际经验表明，基于项目和社区的家访服务是提升贫困和弱势儿童早期发展水平的重要方法和手段。系统家访服务可以显著增进父母与儿童的关系，减少风险，促进儿童的早期发展和健康成长。针对贫困农村地区 0～3 岁儿童早期发展水平低，缺乏科学系统的养育知识、技巧和养育服务的现状，2015 年中国发展研究基金会与国家卫计委妇幼健康服务司合作在甘肃省贫困的革命老区华池县开展了儿童早期养育项目。项目采用经过改编的国际家访项目（Reach Up）的课程设置和内容，促进家长养育技巧的改善以及婴幼儿语言、认知、社会情感和动作等领域的发展。项目覆盖华池县 111 个行政村 1773 名 6～36 个月的儿童，其中干预组包括 56 个行政村 895 名儿童及其主要照料人，对照组包括 55 个行政村 878 名儿童及其主要照料人。

项目在华池建立起县—乡—村三级家访服务体系。项目在当地招募和聘用 24 名乡镇督导和 70 名村级家访员，并设立 1 名县级督导。县级督导负责协调项目试点运行管理和常规监测工作。乡级督导负责对实施家访干预的村级家访员进行家访课程培训，监督入户家访工作。2015 年 9 月，经过国家家访项目团队的苏珊（Susan Chang）教授在华池县开展的一周专业培训，督导员和家访员正式开始提供家访服务。家访服务每周一次，每次 1～1.5 小时。在家访过程中，家访员根据家访儿童对象的年龄，严格按照 Reach Up 家访课程内容，向儿童主要照料人和儿童示范练习游戏、阅读、唱儿歌等亲子活动，提供养育知识和技巧的指导，并完整填写每一次家访记录表。乡镇督导根据工作流程，每周组织一次家访员集体备课，每月随家访员进入家庭，对全部家访儿童对象进行一次随访，并观察记录和评价家访过程，定期总结上报项目执行情况。县级督导履行考核和监督的职责，定期下乡巡查家访工作，并对乡镇督导员及家访员遇到的问题进行及时的上报和反馈。

截至 2017 年 7 月，项目共家访 13517 户次，家访率达 98.98%。2016 年 7 月和 2017 年 7 月，基金会对项目分别进行了中期和终期评估，通过问卷调查、儿童生长发育测量以及智力筛查等方式搜集数据，科学评估家访干预效果。评估结果表明，家访干预显著改善幼儿家庭环境，家庭育儿模式发生积极变化。

首先，家访提升幼儿发育正常率达 50% 以上，有效促进语言、粗动作发展。末期调查数据表明，在控制儿童月龄、性别、出生顺序、母亲受教育年限等变量条件下，家访干预使儿童智力筛查（Denver II）“正常”的概率提高 51.4%。同时，在控制相关变量条件下，干预组比对照组的“言语”能区原始得分提高 0.56 分。对基线儿童的跟踪分析表明，经过 18 个月家访，儿童“粗动作”得分提高 0.436 个标准差。即，家访干预对促进幼儿发育有非常积极的作用（见图 4.1）。

家访干预使儿童智力筛查（Denver II）
“正常”的概率提高 51.4%

智力发育筛查
干预组“正常”占比高出对照组 12%

“言语”能区原始得分
干预组高出对照组 0.56 分

儿童“粗动作”
提高 0.436 个标准差

图 4.1　“慧育中国”项目干预促进幼儿发育

资料来源：中国发展研究基金会“慧育中国”项目课题组，2017 年。

其次，家访改善看护人养育行为和家庭养育环境。对基线儿童的跟踪分析表明，经过 22 个月家访，家庭环境观察量表（HOME IT）总得分提高 4.41 分。事实上，中期评估结果显示，家访 10 个月后，儿童家庭环境就已明显改变，干预组在量表五个维度上的得分均比对照组高，其中“学习材料”的变化最明显。HOME 量表在一定程度上与幼儿心理发展相关，较高的 HOME 得分表明幼儿未来心理发展水平更高。换言之，家访干预对看护人养育行为、家庭环境的改变能够有效促进幼儿发展（见图 4.2）。

再次，家访提高营养包依从率，减少贫血发生。中期评估显示，干预组比对照组儿童营养包的依从率高 11 个百分点，干预组儿童血红蛋白含量比对照组高 0.09g/dl，差异均具有统计学意义

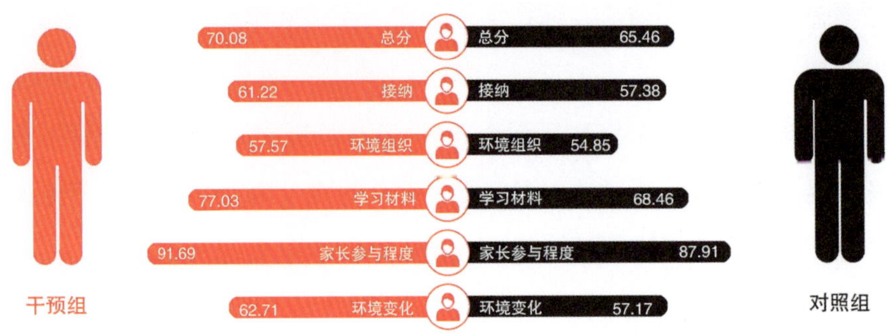

图 4.2 “慧育中国”项目干预改善养育行为和环境

资料来源：中国发展研究基金会“慧育中国”项目课题组，2017 年。

的显著性。末期调查时，儿童已经停止服用营养包，血红蛋白含量稳定在中期评估水平（见图 4.3）。

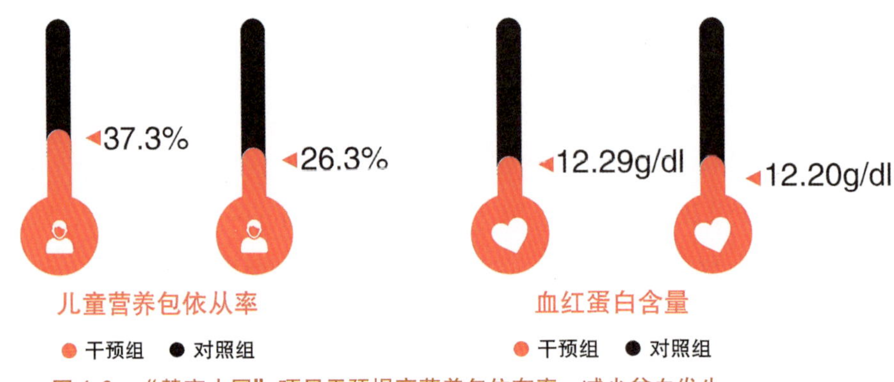

图 4.3 “慧育中国”项目干预提高营养包依存率，减少贫血发生

资料来源：中国发展研究基金会“慧育中国”项目课题组，2017 年。

2017 年在华池县项目的基础上，基金会将“慧育中国”儿童早期养育项目拓展到新疆维吾尔自治区的吉木乃县和贵州省毕节市的七星关区。

（二）儿童早期综合发展项目

为促进偏远贫困地区 0 ~3 岁儿童的早期发展，联合国儿童基金会与国家卫生和计划生育委员会、民政部、中华全国妇女联合会共同合作，在贵州省和山西省的 4 个国家贫困县开展了儿童早期综合发展项目。

项目于 2013 年正式启动，涵盖包括 3 岁以下儿童的卫生保健、营养、早期启蒙和儿童保护等综合性内容。项目在村子里建立了以社区为基础的儿童早期发展活动中心，为培养家长和儿童早期共同游戏，为儿童的直接看护人普及养育知识和技能提供了一个安全的空间。每个活动中心都有一名早期启蒙志愿者为家长提供早期启蒙、科学育儿等培训指导，参与和孩子的亲子游戏、亲子阅读等活动。此外，志愿者也会对当地困难儿童家庭提供社会福利的服务和支持。

目前项目已覆盖了贵州省和山西省的80个村，取得了较为显著的效果。项目地区服务人员儿童早期发展知识和服务能力获得提升，看护人的育儿知识和技能得到增强、观念得到改变。从2013～2016年，项目地区0～3岁儿童在沟通、粗大动作、精细动作、解决问题和个人社会五个功能区的可疑发育迟缓率均有下降，总可疑发育迟缓率降低了18.6%；营养不良患病率从19.2%下降到12.9%，暴力管教的比例从39.1%下降到32.9%。

（三）养育未来项目

为研究和推动贫困农村地区的儿童早期发展水平，农村教育行动计划（REAP）开展了养育未来项目。

2014年10月，课题组对参加项目的样本儿童进行的基线调查，测得他们的营养健康、智力、运动和社会情感等的发展情况。2014年11月，项目组和商洛市卫计局合作，对陕西省商洛市的70名基层计生干部进行为期7天的集中培训与实地培训。通过培训，他们变为农村婴幼儿养育师。从2014年10月到2015年4月，REAP开展了第一期的随机对照实验，227位6～36个月的儿童被选出，69名经过培训的养育师——选自基层计生干部每周一次入户，上门辅导农村幼儿，陪他们玩游戏、做美工、唱儿歌，与孩子一起完成专为婴幼儿设计的课程任务，记录他们是否能跳高、计数、单脚站立等成长指标。

2015年4月，这些儿童迎来了一场能力指标测验。从智力发育的情况看，干预组贝利测试平均得分基本保持不变——从96.5分变为97分，但对照组儿童从97分下降到80分。社会情感发展方面，干预能显著缓解贫困农村儿童社会情感发展滞后比例快速恶化的趋势。

在上述研究基础上，课题组从2015年6月开始在陕西建立6个“养育中心”。由于入户干预成本高，项目把各行政村中已撤并的小学校舍或是闲置的文化室、党员活动室，改装成能让全村家长带着0～3岁婴幼儿前来活动的幼儿早期发展中心。养育师对孩子的干预则从家里搬到集中化的村中心。

（四）0～3岁儿童早期发展试点项目

为改善中国西部儿童早期发展状况，国家卫计委培训交流中心与国际救助儿童会合作提供资金和技术支持，在云南省曲靖市沾益县3乡（镇）27个村委会（社区）启动实施“0～3岁儿童早期发展试点项目”。项目为期4年，预计有1500名0~3岁的儿童（家长）、40名村级计划生育宣传员受益。

“0~3岁儿童早期发展试点项目”在4个方面开展工作。一是依托计划生育系统服务平台培训村级宣传员，配备入户工具，依靠定期入户宣传的形式，给该项目乡（镇）的0~3岁儿童提供早期发展服务，并为家长提供咨询服务。国际救助儿童会届时邀请专业团队为村级计划生育宣传员配备入户宣传工具包，并提供标准的“儿童早期发展培训”和相应的激励补贴。二是对项目乡（镇）管辖区域内0~3岁儿童做全面的摸底调查，为项目乡（镇）的0~3岁儿童建立早期发展档案，定期检测0~3岁儿童早期发展状况，并转介有明显发育迟缓的儿童。三是通过实地督导、电话督查县（乡、镇）项目办等方式，真正把儿童早期发展入户家访服务落实到项目乡（镇）的每个0~3岁儿童。四是总结经验，进一步推广项目模式，惠及西部更多的儿童。

2015年救助儿童会与国家卫计委培训交流中心合作在河北省涞水县娄村镇也开展了“0－3岁儿童早期发展试点项目”，共实施干预村11个，村级入户指导人员17名，入户指导婴幼儿242人。项目通过开展入户指导干预，有效提高了农村地区婴幼儿监护人的相关知识，改变其对儿童早期养育的认识，让家长和监护人更多地陪婴幼儿玩亲子游戏、陪孩子讲故事和开展亲子阅读活动，并进而促进婴幼儿认知、语言和运动能力的发展。

四、改善贫困地区儿童早期养育的策略和措施

针对当前贫困地区儿童早期发展存在的问题，中国政府高度重视，国家卫生和计划生育委员会、教育部都在进行地方试点，进行相关标准和指南的制定。同时，一些非盈利组织和国际组织也在积极探索，通过地方试点、科学评估和国际交流等途径，为早期养育政策制定积累干预措施、投入成本、科学管理方面的宝贵经验。在此基础上，未来有必要进一步加大相关投入，扩大项目实施范围，让更多贫困婴幼儿受益。

1. 加大对贫困地区儿童早期养育的投入力度

要实现国家提出的婴幼儿养育服务覆盖率达到50%的目标，就必须在60000个贫困村提供早期养育服务。这就需要在这方面大幅提高政府的公共投入。国家卫生计生委从2015年起，计划利用5年时间，建立100家儿童早期发展示范基地，以多学科合作为基础，依托信息化建设平台，在胎儿期保健、生长发育监测、营养喂养指导、心理行为发育指导、高危儿管理、常见疾病的筛

查与防治、家庭养育及家庭咨询指导、育儿技巧培训和亲子活动开展等方面促进中国儿童早期发展水平的提高。建议在试点的基础上，尽快将该项目推广到贫困地区。

2. 整合儿童早期养育项目并探索综合性服务模式

整合婴幼儿保育和教育、营养与健康服务的计划，利用健康、营养和教育方面的综合干预，改善贫困家庭儿童早期发展状况。根据中国的国情和各地实际情况不同，建议：一是建立国家卫生和计划生育委员会主管、其他部门协同的儿童早期发展干预系统，如建立 0 ~ 3 岁教育一体化的教育体系，将传统的 3 ~ 6 岁学前教育范围延伸到 0 ~ 3 岁。二是建立卫生部门主持实施的妇幼保健院和社区儿童早期发展干预项目，利用妇幼保健系统产科和儿科相结合的资源优势，从孕期开始进行指导，实现胎儿期——新生儿期——产后访视、追踪的一体化服务模式。三是重点探索建立以社区为依托，家庭、社区保健和卫生部门共同参加的儿童早期综合发展的模式。需要面向贫困农村启动国家和地方的早期养育综合发展服务项目，动员卫生计生、教育、妇联等有关部门参与，提供专业化服务，以促进该地区学前儿童的整体发展。

3. 建立以家访型、家访结合中心或小组型的儿童早期养育体系

建议更加重视为 3 岁以下儿童及其家庭提供早期保育和教育指导服务，加大对贫困地区儿童早期养育的投入力度。在当前部分贫困县试点的基础上，由国家制定统一的婴幼儿早期养育指南，确定建立家访型、家访结合中心或小组型形式的儿童早期养育体系的基本导向。采取多种形式宣传普及早期保教知识，建立城乡对口帮扶机制，组织专家和有经验的志愿者到边远地区开展科学早教服务，财政和社会多方资金予以支持。

4. 为儿童早期养育提供有效的技术支持

建议有关部门设计更多的适合农村 3 岁以下儿童特点的宣传画或图画书，开发低成本的玩具和游戏，出版适合中等以下文化程度父母阅读的科学育儿书籍。考虑到一些研究发现媒体对儿童发展认知、语言和社会性发展的作用是积极的，因此，向中西部贫困地区投放一些积极的电视、网络等儿童教育节目，有利于减少东西部儿童发展的差距，弥补由于教育资源不足对该地区儿童发展的阻碍。

第五章

贫困地区儿童的学前教育

教育的各个阶段中，学前教育具有重要的先导性和基础性作用，能够为儿童一生发展奠定基础。投资学前教育在内的儿童发展是消除贫困的重要手段。随着《国家中长期教育改革和发展规划纲要》和两期《学前三年行动计划》的实施，中国学前教育普及成效明显，学前三年毛入园率已达到77.4%。但同时，由于发展长期滞后、底子薄，学前教育仍然是我国教育体系中的最薄弱环节，在我国目前仍有1/4的适龄儿童无法接受学前教育的情况下，在集中连片特殊贫困地区，学前三年毛入园率普遍在50%以下。站在新的历史起点，需要对学前教育改革发展的成就充分梳理，厘清当前发展的主要问题，确保贫困农村地区最底层的20%儿童能够接受学前教育，早日实现学前教育普及的目标。

一、贫困地区学前教育的现状

中国贫困地区学前教育发展水平远远低于城市和其他农村地区，贫困地区乡镇以下学前教育投入严重缺乏，偏远山村3~5岁幼儿基本没有接受早期教育的机会，这些贫困农村幼儿的语言、认知能力与城市在园幼儿相差40%~60%。14个集中连片特殊贫困地区有大约900万4~6岁的适龄儿童，他们也是最需要学前教育帮助的群体。

【专栏5.1】　中国的学前教育发展

近年来，为了推动贫困地区的学前教育发展，中央政府不仅通过文件政策进行了导向，也在具体的发展路径方面进行指引，从而为贫困地区的学前教育发展布局了良好的政策环境。2011~2015年中国学前教育取得了重大进步。各级政府对学前教育财政投入达到4000亿元，每年平均800亿元，《中国农村扶贫开发纲要（2011-2020年）》布前，每年仅有160多亿元。具体情况见表5.1。

——《中国农村扶贫开发纲要（2011-2020年）》在设定包括集中连片贫困地区的教育目标时指出，“到2015年，贫困地区学前三年教育毛入园率有较大提高；……到2020年，基本普及学前教育”，并在举措中提出“推进边远贫困地区适当集中办学，加快寄宿制学校建设，加大

表 5.2 学前教育情况

学前教育	2009 年	2015 年	2020 年
幼儿在园人数（万人）	2658	4265	4500
学前一年毛入园率（%）	74.0	85.0	95.0
学前两年毛入园率（%）	65.0	70.0	80.0
学前三年毛入园率（%）	50.9.0	75.0	85.0

对边远贫困地区学前教育的扶持力度”。

——《国务院办公厅转发教育部等部门关于实施教育扶贫工程意见的通知》专门对集中连片贫困地区的教育发展进行了指导，进一步提出“到 2015 年，学前三年毛入园率达到 55% 以上。到 2020 年，基本普及学前教育”的发展目标。

——《国家贫困地区儿童发展规划（2014—2020 年）》中明确提出，坚持政府主导、社会参与、公办民办并举，多种形式扩大贫困地区普惠性学前教育资源。加大中央财政学前教育发展重大项目、农村学前教育推进工程和省级学前教育项目对集中连片特殊困难地区的倾斜支持力度。扩大实施中西部农村偏远地区学前教育巡回支教试点，在人口分散的山区、牧区设立支教点，通过政府购买服务和动员社会力量招募大中专毕业生志愿者开展巡回支教，中央财政予以适当补助。在需要的民族地区加强学前双语教育。地方政府要依法落实相关政策，稳定贫困地区幼儿园教职工队伍。完善学前教育资助制度，帮助家庭经济困难儿童、孤儿和残疾儿童接受普惠性学前教育。

——《“十三五”脱贫攻坚规划》提出，“加快完善贫困地区学前教育公共服务体系，建立健全农村学前教育服务网络，优先保障贫困家庭适龄儿童接受学前教育”，“健全学前教育资助制度，帮助农村贫困家庭幼儿接受学前教育”。

（一）学前教育财政性经费增加

经费保障是学前教育发展最基本的条件，学前教育发展离不开政府的支持和投入。联合国教科文组织认为，国家应将 GDP 的 6% 投入教育预算，其中的 10% 应投入学前教育。目前，经济合作与发展组织国家（OECD）用于学前教育的平均支出占 GDP 的 0.6%，用于儿童早期教育发展的平均支出占 GDP 的 0.2%。

中国为支持贫困地区学前教育发展，从 2010 年开始，中央财政加大投入支持学前教育发展，资金重点支持中西部和东部困难省份，并向农村、边远、贫困和民族地区倾斜，在 2010 ~ 2016 年的两个“学前教育三年行动计划”中，中央政府投入超过 900 亿元，地方政府投入超过 4000 亿元，学前教育公共财政投入在财政性教育经费中的占比从2009年的1.36%提升到2014年的3.54%。2014年，中国学前教育经费投入超过2048亿元，占GDP的0.32%[①]（宋映泉，2016）。一些地方已经实现包括学前教育在内的15年免费教育[②]。学前教育财政性经费大幅增加为学前教育的发展奠定了坚实基础，贫困地区学前教育的办学条件得到了较大的改善，学前三年毛入园率等指标有了显著提升，农村学前教育成为学前教育财政性经费的重点投入方向，学前教育资助制度正在逐步建立，越来越多家庭经济困难的儿童、孤儿和残疾儿童能够享受到资助。中国逐渐形成了中央、省、市、区县多级财政共同参与的学前教育投入机制，但各级政府间的分担比例因各地经济发展水平不同而有所不同。

（二）学前教育普及率大幅提高，但各地发展不一

学前教育的普及率是评估学前教育的可获得性或“入园难”问题缓解程度的实效性指标。2009~2016年，中国在园幼儿数和学前三年毛入园率呈现稳步增长趋势，学前教育普及率大幅提高。学前教育三年毛入园率2009年仅为50.9%，2016年达到77.4%，提高了26.5个百分点，提前实现《教育规划纲要》目标，超过《中国儿童发展纲要（2011－2020年）》目标5个百分点。在学前三年毛入园率上，中国已经接近OECD国家的平均水平，但集中连片特殊贫困地区与全国相比差距仍然很大（见图5.1）。

2016年，全国在园幼儿达到4414万人，“入园难”得到有效缓解。处境不利幼儿（包括农村幼儿、流动儿童、留守儿童、残疾儿童等），特别是学前教育基础薄弱的中、西部集中连片贫困地区适龄幼儿在园数和学前三年毛入园率也得到了快速提高，处境不利幼儿接受学前教育的机会增加。从各贫困县市的发展情况来看，也实现了普遍的增长，增幅十分明显。如2012~2016年，属于武陵山连片贫困片区的贵州省松桃苗族自治县在2013年就超过了《国务院办公厅转发教育部等部门关于实施教育扶贫工程意见的通知》提出的“到2015年，学前三年毛入园率达到55%以上”的目标，此后更是持续攀升，2016年已经达到了92.2%（见图5.2）。

（三）新增学前教育资源向农村倾斜

近年来，新增学前教育资源尤其是教育部门办园向农村倾斜。2011~2014年，全国新增幼儿

---

① OECD主要发达国家对学前教育财政投入无论是生均投入、投入的绝对规模还是相对规模都高于中国。——转引自张翼飞、黄洪：“学前教育财政投入的国际经验研究——基于OECD主要发达国家的分析”，《现代教育管理》2016年第11期，第28~35页。

② 目前，已有西藏、新疆南疆，喀什、和田、阿克苏、克尔克孜四地州实现了包括学前教育在内的15年免费教育。从2016年春季学期开始，青海省在全省牧区和城乡贫困人口中率先实行15年免费教育。

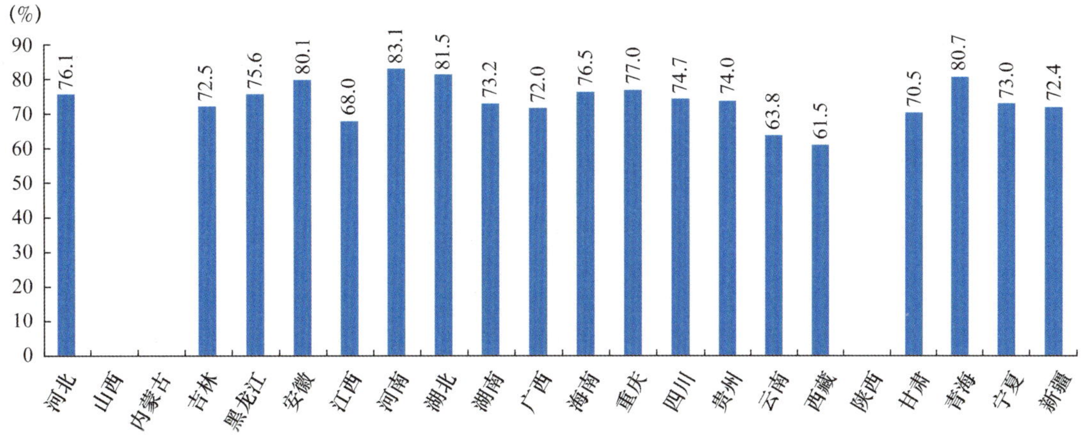

图5.1 全国14个集中连片贫困地区学前三年毛入园率

注：图中入园率均为当地户籍儿童的入园率状况；吉林、黑龙江、安徽、江西、河南、湖南、广西、海南、重庆、云南、西藏、青海、宁夏为2015年底数据；河北、湖北、四川、贵州、甘肃、新疆为2014年底数据；重庆为2013年底数据；山西、内蒙古、陕西缺数据。

资料来源：庞丽娟、孙美红、王红蕾："建立我国面向贫困地区和弱势儿童的学前教育基本免费制度的思考与建议"，《教育研究》2016年第10期，第32~39页。

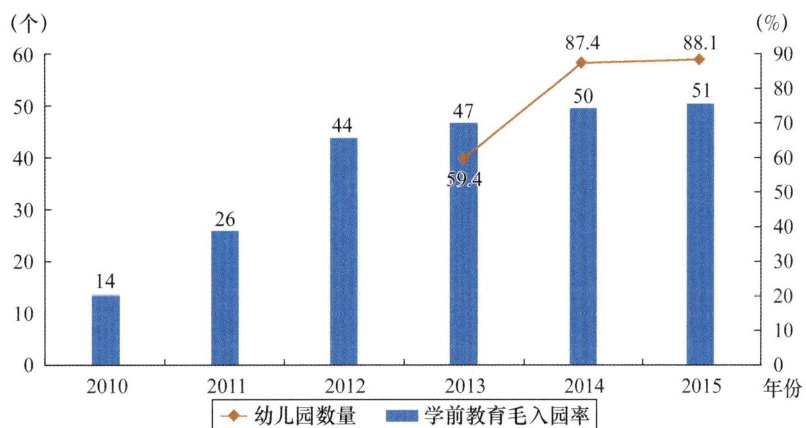

图5.2 贵州松桃苗族自治县幼儿园数量和学前教育毛入园率

资料来源：松桃县政府网站年度统计公报。

园43131所。其中，乡村新增13899所，占比32.23%；镇区新增16945所，占比39.29%；城区新增12287所，占比28.49%①。农村（包括乡村和镇区）新增幼儿园数显著高于城区（见图5.3）。新增的公办幼儿园（含公办性质幼儿园）主要分布在乡村和镇区（占比86.55%），城区仅占13.45%；新增民办幼儿园则主要分布在镇区和城区。农村教育部门办园在全国教育部门办园总数中的占比稳步增长。2011~2014年，教育部门办园新增19672所。其中，城区仅有2328所，占比11.83%；镇区6655所，占比33.83%；乡村10689所，占比54.34%（见图5.4）。教育部门办园的农村倾斜性表明新增普惠性学前教育资源向农村倾斜、努力扩大农村公办学前教育资

① 由于统计指标的调整，2011年开始采用乡村、镇区、城区的分类，故在此仅采用2011年以后公布的数据。

源的政策取向得到了较好的贯彻落实。

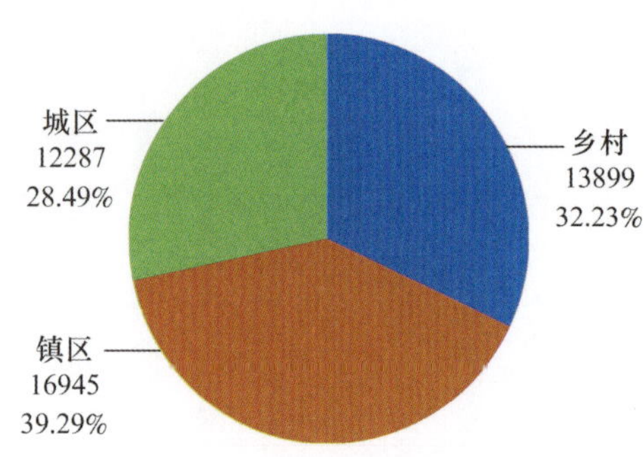

图 5.3　2011～2014 年全国新增幼儿园数

资料来源：根据各年统计年鉴数据整理而成。

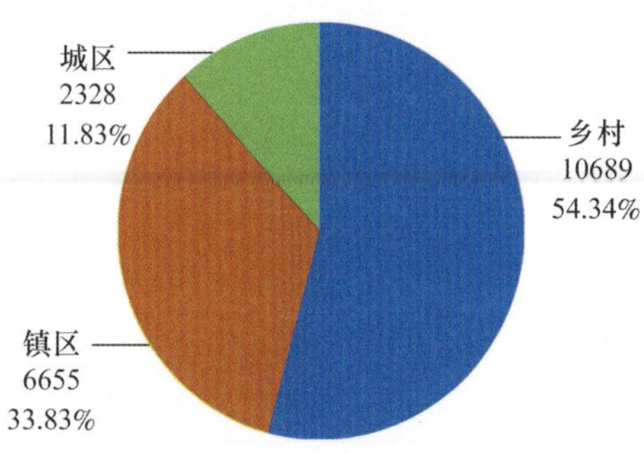

图 5.4　2011～2014 年教育部门办园新增数

资料来源：根据各年统计年鉴数据整理而成。

2010 年实施学前教育三年行动计划以后，乡村幼儿园数量大幅度增加，在 2011～2014 年新增了 13899 所。其中，教育部门办园 10689 所，占比 76.9%；民办 3774 所，占比 27.15%[①]。教育部门办园是农村学前教育发展的主要支撑力量。与此同时，民办幼儿园在中国学前教育提供中承担了非常重要的角色，2015 年民办园占全国幼儿园园所总数的 65% 左右，民办在园儿童占比已经占全国学前在园总量的 54%。同时，在 2010～2015 年两期"学前三年行动计划"中，尽管对民办幼儿园的公共财政投入非常有限（2011～2013 年教育经费中 89.3% 投给了公办园），但民办幼儿园承担全国入园增量为 903 万，占比为 70.01%（宋映泉，2016）。

（四）公益普惠的学前教育公共服务网络建设初见成效

公益普惠的学前教育公共服务资源配置作为"供方策略"，是解决"入园贵"问题的基本路径和重要手段。公办幼儿园是公益普惠的学前教育公共服务资源的主要支柱，对于确保学前教育的科学发展、平抑幼儿园收费具有重要的作用。公办园、公办性质幼儿园（包括企事业单位办园

① 由于同期乡村集体办园、事业单位办园、地方企业办园数量减少，新增幼儿园总数比新增教育部门办园和新增民办园之和略小，所以教育部门办园占比和民办园占比略大于 100%。

和集体办园等）以及普惠性民办幼儿园构成了具有中国特色的普惠性学前教育资源，公益普惠的学前教育公共服务网络建设初见成效。5 年来，各级政府大力发展公办幼儿园。对 2009～2014 年新增幼儿园中不同性质幼儿园的占比分析表明，教育部门办园在 2011 年止跌以后占比明显提高，2014 年达到 50.13%；集体办园和其他部门办园在 2012～2013 年也开始止跌回升。这表明各级政府加大对于学前教育的投入，大力发展公办幼儿园，扶持集体和企事业单位办园，已经初见成效，成为政府提供普惠性学前教育服务的主体，政府扶持的普惠性民办幼儿园也开始成为提供普惠性服务的一支重要力量。各地都在积极探索和制定普惠性民办幼儿园的认定和管理办法，引导和支持民办幼儿园提供普惠性服务。

（五）幼儿教师队伍不断完善

幼儿园教师队伍数量的充足性、稳定性和专业化发展水平是影响幼儿园教育质量的重要因素。近年来，教育部出台《幼儿园教职工配备标准》《幼儿园教师专业标准》《幼儿园园长专业标准》等文件，对幼儿园师资配备、教师和园长素质提出了明确要求，幼儿园教师队伍建设成绩显著。一是幼儿园专任教师队伍数量稳步增长。2014 年，专任教师 184.4 万人，比 2011 年增加 52.84 万人，增长 40.17%，增长的专任教师数量主要集中在乡村和镇区。与 2011 年的专任教师数量相比，2014 年乡村和镇区幼儿园教师数量的增幅分别达到 49.09% 和 45.41%，城区为 33.86%。二是幼儿园教师学历层次普遍提高，专科以上学历教师占比已达 66%。幼儿园教师持证人数逐年增加，无证教师人数总体上呈逐渐下降趋势。三是各级培训覆盖的教师人数持续增长。2011 年以来，国家实施面向全体幼儿教师的“国培计划”，中央财政投入 17 亿元，培训中西部农村幼儿教师 58.5 万人次，带动各级政府加大对幼儿教师培训的投入力度。

（六）学前教育管理不断规范

规范学前教育管理是确保学前教育健康、科学发展的重要保障条件。近年来，中央和地方各级政府加强幼儿园准入、收费、卫生等方面管理制度的建设，密集出台了一系列法律、法规与政策、条例，制定出台各种类型幼儿园的办园标准、收费标准，实行分类管理；完善和落实幼儿园年检制度，对幼儿园实行动态监管；学前教育被纳入教育督导工作范围；对无证办园进行专项分类治理。

幼儿园教育“小学化”违背学前儿童身心发展和学习的规律，影响幼儿园教育质量的提高。为此，教育部印发了《关于规范幼儿园保育教育工作，防止和纠正“小学化”现象的通知》，加强专业指导，颁布《3－6岁儿童学习与发展指南》。各地教育行政部门也都注意纠正幼儿园教育“小学化”倾向，倡导以游戏为基本活动，引导幼儿园将指南精神与要求落实到幼儿园教育实践之中。

二、改善贫困地区学前教育面临的问题和挑战

近年来，在各级政府部门的支持下以及贫困地区自身的努力下，贫困地区的学前教育有了一定的发展，但中西部农村地区，特别是集中连片特困地区、少数民族地区、留守儿童集中地区和人口分散地区“入园难”问题依然存在。

（一）贫困农村地区儿童缺乏早期教育，入园率低

目前我国学前教育普及“好吃的肉已基本吃完”，剩下农村贫困儿童入园的“硬骨头”。由于前两期三年行动计划主要是在县城和乡镇建园而不进村，使得农村贫困地区最底层20%的儿童还缺乏早期教育机会。一项研究表明，在集中连片特困地区，学前三年毛入园率普遍在50%以下，不少贫困县仅为30%～40%[①]。普及学前教育必须要啃贫困农村地区儿童入园的这块“硬骨头”。

由于当前幼儿园“不入村”的问题，多数贫困农村地区幼儿难以实现就近入园。东北师范大学课题组对全国28个省、自治区和直辖市的175个村庄的调研数据发现[②]，当前小规模的无园村庄数量众多。在课题组的175个调研村庄中，有81个村庄没有幼儿园，占47.9%；在无园村庄中，适龄幼儿人数不足40人的村庄超过70.4%（见图5.5），这类村庄难以维持一所正规幼儿园的运行。另外，现有农村幼儿园的布局不合理，较好的幼儿园都分布在乡镇中心区域，使得一些家长舍近求远，选择将孩子送入乡镇幼儿园（见图5.6）。在课题组调研的入园幼儿中，镇区以下的乡村幼儿在乡镇幼儿园接受教育的人数比例达到31.6%。

由于三年行动计划主要是在县城和乡镇建园而不进村，接送和陪读无形中增加了偏远地区农

① 庞丽娟、王红蕾、吕武：“对‘全面二孩’政策下我国学前教育发展战略的建议”，《北京师范大学学报（社会科学版）》，2016年第6期。

② 盖笑松、焦小燕、王苏、刘本扬、袁琦：“贫困地区农村幼儿园的必要性及其发展策略”，北京师范大学中国基础教育质量监测协同创新中心自主课题《学前儿童社会监测指标体系及工具研究》（2016－03－002－BZK01）和教育部人文社会科学研究项目基地重大项目《农村学前教育发展的生态化研究》的部分成果。

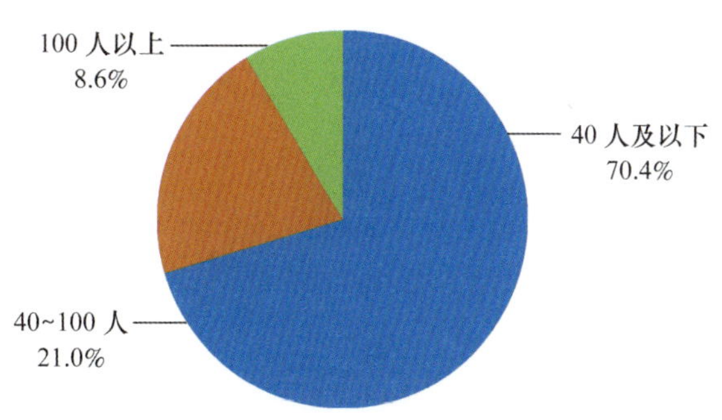

图5.5 无园村庄中3~6岁儿童的人数分布

资料来源：盖笑松、焦小燕、王苏、刘本扬、袁琦，贫困地区农村幼儿园的必要性及其发展策略，北京师范大学中国基础教育质量监测协同创新中心自主课题《学前儿童社会监测指标体系及工具研究》（2016－03－002－BZK01）和教育部人文社会科学研究项目基地重大项目《农村学前教育发展的生态化研究》的部分成果。

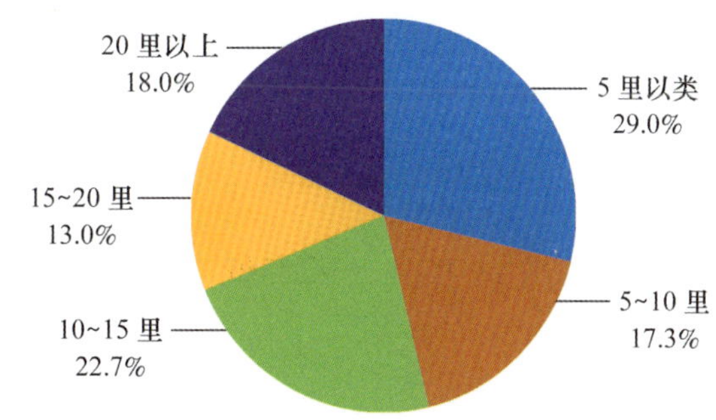

图5.6 实际家园距离（因“离家远”而未入园的家庭）

资料来源：同图5.5。

村幼儿入园的额外支出。根据中国发展研究基金会的调查，一所200名儿童的正规幼儿园的建设成本为400万元，即每名儿童建园成本2万元，如果让680个贫困县剩下的1/3即300多万儿童都上正规幼儿园，需要中央和地方财政再投入600亿元。此外，幼儿园的运行也是地方财政的一笔不小的开支。送孩子到城镇上幼儿园更是农民家庭极大的负担，在贫困地区很难实行。以革命老区甘肃省的H县为例，公办园设在城镇，民办园为利润也不进村，家长只能带孩子到城镇入园，租房陪读，一年的成本，包括房租、生活费以及幼儿园的费用，高达8000～10000元，贫困家庭只能“望园兴叹”。

大量的学前教育资源并没有下沉到农村，学前教育财政投入以投向公办园机构为主以服务相对优势人群子女的不公平格局并没有完全打破。根据国家统计局县（市）社会经济基本情况统计，2014年全国14个集中连片贫困地区有幼儿园或学前班的行政村比重，最高不超过77.70%，最低只有25%，大部分地区低于50%，农村贫困地区儿童的入园资源尤其缺乏（见图5.7）。还有大量贫困地区儿童享受不到学前教育资源。全国没有入园机会的3～6岁儿童，大约每4个中就有1个在农村偏远山区。粗略估计，全国有大约1400万3～6岁儿童目前仍然无园可上，这些儿童大多集中在中西部农村偏远地区（宋映泉，2016）。

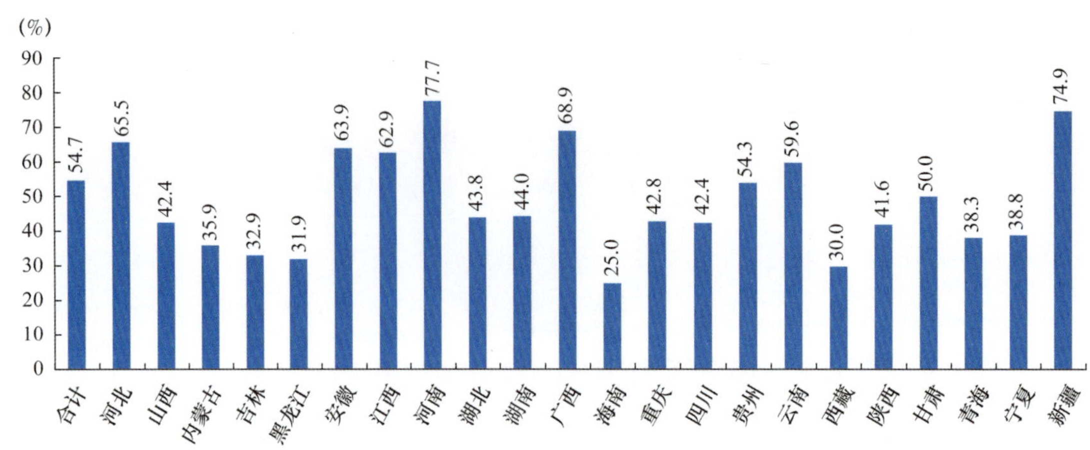

图 5.7　2014 年全国 14 个连片贫困地区有幼儿园或学前班的行政村比重

资料来源：国家统计局县（市）社会经济基本情况统计。

（二）学前教育财政性经费占比仍然较低，增加了家庭负担

当前中国学前教育财政性经费投入总体仍然过低。近 10 年，国家财政性学前教育经费占 GDP 的比重长期维持在 0.03% ~0.05% 之间，而欧盟国家的学前教育经费占其 GDP 的比重为 0.5%，相当于中国的 10 倍①。国际经验表明，学前三年毛入园率在 80% 以上的国家，财政性教育经费支出学前教育经费占比平均为 9.67%；毛入园率在 60% ~80% 之间的国家，财政性教育经费支出学前教育经费占比平均为 7.73%。2016 年，中国学前教育三年毛入园率已经达到 77.4%，但全国财政性学前教育经费占比达到 4% 左右②。这种财政性学前教育经费偏低带来的一个后果是来自家长的学费在学前教育成本中分担较高。据 2014 年数据，学费在中国幼儿园经费总收入中占 47.9%，在非义务教育阶段（幼儿园、普通高中、职业高中、高等院校）学费占收入比最高。

（三）学前教育公共服务“公益普惠”程度不高

当前中国学前教育公共服务资源配置的格局特点如下。

一是公办幼儿园占比仍然较低，民办幼儿园占比过高，“公办民办并举”格局尚未形成，“入园难”普遍表现为“入公办园难”或者“入公办性质幼儿园难”，质优价廉的公办幼儿园数量明

① “建立学前教育生均公用经费拨付制度”，《人民政协报》，http://cppcc.people.com.cn/n/2015/0303/c34948-26623804.html。

② 教育部召开第三期学前教育行动计划部署会，2017 年 5 月 24 日。

显不足，入园需求大导致班级规模普遍超标[①]。《国家中长期教育改革和发展规划纲要（2010－2020年）》实施情况的学前教育专题评估报告显示，中国公办普惠园比例偏低，在部分西部农村地区的非普惠性民办园比例更高。截至2014年，中国的公办幼儿园占比仅24.16%，企事业单位等办园占比9.47%，民办幼儿园占比66.36%。公办园的资源不足主要表现在：第一，公办园资源少，在入园增量中贡献非常有限。根据教育部数据，截至2015年，全国公办园占比只有34.56%，公办在园儿童占比不到一半（46.01%）。第二，公办园承担入园增量贡献非常有限。据测算，在2010～2015年间，不管是从全国还是从农村地区来看，公办园在幼儿入园增量中承担的贡献不足三成。第三，公办园平均在园规模已经非常大，这意味着靠公办园新增入园确实不太现实。据初步计算，2015年全国公办园平均在园儿童规模254人（宋映泉，2016）。

二是教育公共服务区域差异显著。相当多的地区，尤其是中、西部地区普惠性资源依然短缺，西部农村地区非普惠性民办园的比例高达67%，即使在农村地区（含乡镇），民办幼儿园依然是学前教育规模增长的主要载体，但贫困地区民办幼儿园设施简陋、场地拥挤、存在一定的安全隐患并未得到彻底解决。虽然普惠性民办园认定和建设是两期“三年行动计划”中各地政府和教育部门探索扩大公益普惠性学前教育资源、解决“入园贵”的重要策略，但似乎没有证据显示普惠性民办园大规模降价从而增加弱势群体子女的入园机会。普惠性民办园建设没有有效增加弱势群体入园，学前教育公共服务“公益普惠”程度不高，“入园贵”的问题尚未获得普遍的、根本性的解决。

（四）学前教育发展的长效经费投入保障机制有待建立

中央和地方各级政府在学前教育事权上责任划分并不明确，县级财政是当前区域内财政性学前教育经费的主要来源，区县政府是学前教育财政性经费投入的主体。目前中央政府在学前教育领域的四大类七大项的专项投入持续性前景不明。对于不发达和欠发达地区而言，“以县为主”的投入体制重心过低，县级财政自给能力不足，投入缺口大，财政投入主要用于城乡公办园，多数农村幼儿园自然生存，基本设备缺乏并且反映后续无保障，难以维持学前教育可持续发展的长期投入。大多数公办园以及企事业单位、集体办幼儿园缺乏必要的财政支持，幼儿园日常运转主要靠收费，办园条件普遍较差，家长负担较重，教师工资待遇低。

① 根据国家颁布的《全日制、寄宿制幼儿园编制标准（试行）》规定，小班（3～4岁）的规模为20～25人，中班（4～5岁）的规模为26～30人，大班（5～6岁）的规模为31～35人。

（五）教师队伍建设需要进一步加强

幼儿园教师数量仍然不足，不能满足学前教育快速发展的需要；师幼比平均为1∶22，农村地区更低；专科以上学历教师占比还较低，农村地区不到50%，专业化水平有待提升；有幼教资格证的教帅数量占比仅为50%左右；无证教师仍占30%左右，农村地区为44%左右；未评职称教师占70%左右；教师待遇偏低；公办幼儿园教职工编制数严重不足；等等。由于编制、待遇问题长期得不到解决，保障程度差、流动性大、稳定性低，难以吸引优秀人才从事幼教事业。这其中的一个重要原因是在两期“三年行动计划”中，中央和地方政府学前教育财政投入中相当大的比例都投入到了中西部农村，用于推动农村乡镇幼儿园建设。财政经费大多投入公办园硬件建设，2011～2013年，中国学前教育经费中的89.3%投给了公办园，76%投给了园所或者硬件设备（宋映泉，2016），但与儿童身心发展密切有关的保教质量投入相对不足。目前这种以公办园、硬件设置为主的投入方式增加了城乡之间的不公平，进行合理的结构调整将能更有效地促进弱势儿童发展。

（六）“小学化”倾向严重，幼儿身心发展规律被忽视

由于缺乏相应的教育知识，相当多的幼儿园教育“小学化”仍较严重[①]。其原因有三点。一是在贫困地区，由于教育管理部门的专业水平不到位，多数地方教育行政部门未设学前教育管理和教研部门，学前教育管理和指导力量单薄，观念存在偏差，往往把学前教育的质量跟学习文化知识的数量混为一谈。二是贫困地区师资队伍中正规学前教育出身的比例较低，相当一部分教师不曾接受过心理学和教育学的系统学习，不了解幼儿身心的发生发展规律。有些地区为了解决幼儿教师的短缺现象，还在中小学布局调整中把部分中小学教师转岗到幼儿园，这些教师由于对幼儿身心发展规律不甚了解，也容易把学前教育“小学化”。三是一些贫困地区为了解决幼儿的入园难问题，将部分学前教育及县以下的乡镇学前教育附设在小学里，大班幼儿作为插班生进入小学一年级随班就读。

① 所谓学前教育“小学化”，指的是应该小学里学习的识字、笔算、书写等内容被作为幼儿园的主要教学任务灌输给孩子，课程设置也像小学一样开设学科课程，教学方法、教学环境也都无视幼儿特点，学前年龄的小朋友就被视为小学生来对待。

（七）民族地区“双语教育”发展滞后

幼儿双语教育是少数民族地区实施幼儿教育的最主要形式。当前中国贫困民族地区学前“双语”教育发展滞后，突出表现在三个方面。一是学前“双语”教育普及率低，特别是农牧区缺乏标准规范的学前教育场所，缺校舍、缺教师、缺教材，学前“双语”教育基础十分薄弱。二是学前“双语”教师整体素质偏低，缺乏合格的“双语”师资。尤其是县以下幼儿园，教师大部分是从小学调整或充实过来的，岗前未接受系统的学前教育相关知识和技能培训，相当部分教师的汉语水平偏低，教学水平不高，教学经验不足。三是学前教育资源短缺，特别是适合农牧区幼儿使用的“双语”教材、“双语”教学辅助光盘、教师用书等教学资源匮乏，一些幼儿园采用的教材为内地出版社发行的汉语教材，但这些教材并不适合民族地区学前双语教育。其原因在于不适合民族地区幼儿的阅读习惯，教师在使用这些教材时，需要逐字逐句地用当地民族语言翻译，难免会产生翻译中的偏差或歧义，影响教学质量。

三、造成贫困地区儿童学前教育发展障碍的原因

从宏观方面来讲，主要原因有四点。一是体制机制方面，财政投入不足，地区之间投入差异大；学前教育成本分担机制没有建立，成本分担不合理，家庭和基层政府负担过重；财政资金分配不公平，资金使用效率不高；各级主管部门中幼教专干缺乏的局面并没有完全改变。这成为制约贫困地区学前教育发展的重要原因。二是硬件方面，幼儿园建设和运行是地方财政的不小开支。根据中国发展研究基金会的调查，一所 200 名儿童的正规幼儿园建设成本为 400 万元，即每名儿童建园成本 2 万元，如果让 680 个贫困县剩下的 1/3 即 300 多万儿童都上正规幼儿园，需要中央和地方财政再投入 600 亿元。此外，幼儿园建成后，其运行也是地方财政的一笔不小的开支。三是软件方面，教师队伍制约了学前教育的发展空间。由于工作条件差、待遇低，以及社会保障制度的城乡差异导致的不公平现象，贫困地区幼儿园在吸引优质教师队伍方面一直比较困难，很多地区甚至出现了严重的缺编现象。现有的师资队伍，则存在职称学历偏低、生师比不合理、幼儿教育理论水平不高、缺乏培训机会、专业知识欠缺等局限，深处偏远贫困地区的幼儿园教师很难获取前沿的教育方法。另一方面，贫困地区较低的收费使得民办园不仅难以保证必要的硬件设施条件，也很难为在职教师提供专业提升的机会，更难以吸引或留住高素质教师，进而导致民办

园质量不高。而较低的质量必然难以得到家长的认可，民办园也就难以提高入园费用，这使得民办园不得不陷入低质量—低收费—低质量的恶性循环。四是从幼儿园布局来看，由于过于依赖传统的思维方式，政府更多地采取了在县城和乡镇办正规幼儿园的做法，但这种做法投入大、普及慢，不少地方园所选址随意，幼儿园服务半径差距大，公办园数量极少且分布集中，难以解决贫困农民家庭子女的入园问题。直到最近几年，随着城市幼儿的入园率已接近饱和，普及学前教育的工作重心才放在农村。

从贫困地区自身发展来看，一是贫困地区大多处于自然条件恶劣的山区、林区，交通不便、信息闭塞，这些自然条件客观上就对农村幼儿园的建设造成了困难。二是农村家长可能对孩子的教育缺乏重视，认为学前教育是可有可无的事情，缺乏送幼儿接受学前教育的积极性，更多重视孩子的身体发育需求，忽视孩子的心理发展需求；重视孩子在家的自由自在，忽视孩子的规则意识和社会性发展。三是由于地方产业对当地劳动力的吸纳能力较弱，许多壮年劳动力选择外出务工，农村留守儿童较为普遍，如果幼儿园距离远、山路险，留守老人送孩子入园就面临诸多不便，如果城镇没有足够的就业机会，送孩子到城镇上幼儿园会极大增加家庭负担，客观上造成农村留守儿童等困难群体“入学难”问题。四是由于经济不发达，居民收入水平低，用于基本生活保障的比例较大，可供教育投资的就相对较少，再加上政府财政能力有限，无力提供太多免费资源，使得适龄儿童接受学前教育的机会势必受到影响。

四、贫困地区学前教育的探索

针对当前贫困农村地区学前教育存在的问题，教育部和一些社会组织共同进行了探索，取得了显著的效果，有些模式值得在更大的范围内推广。

（一）中国发展研究基金会的“山村幼儿园计划”

“山村幼儿园计划”是中国发展研究基金会于2009年发起的一项社会试验项目，目的是探索符合中西部贫困地区特点的学前教育普及方式。项目的主要做法是：在试点地区招募符合条件的幼教志愿者，将村里闲置房舍资源布置为活动场地，志愿者经过培训后以“送教入村”方式为幼儿就近提供早期启蒙教育。

1. 项目源起及背景

2009 年前后，中国发展研究基金会在广西、云南的农村调研时看到很多民办幼儿园活动场地十分局促，办园条件也非常简陋。随后，基金会到青海、贵州等多地走访，发现农村学前教育存在一些突出问题：有限的学前教育经费主要用于县城公办幼儿园，乡镇以下基本没有公共投入；村级以下学前教育主要依靠“小学化”倾向严重的小学附属学前班；贫困地区民办幼儿园多数设施简陋、场地拥挤，存在安全隐患。

随着国家对学前教育重要性的认识，2010 年颁布实施《国家中长期教育改革和发展规划纲要（2010－2020）》，提出重点发展农村特别是贫困地区学前教育，2020 年全国学前三年入园率达到 75%。解决剩下 20% 孩子的入园问题，将会是普及学前教育的最大挑战。基于大量实地调研和专家论证，基金会在 2009 年和青海省乐都县合作（2013 年成为乐都区）启动“山村幼儿园计划”，目的就是探索怎样让偏远山村的孩子就近享受到学前教育机会。

乐都试验证明了“山村幼儿园计划”的可行性。2010 年 4 月，在乐都试验基础上，云南省寻甸县项目启动。在 2012 年中央电视台举行《春暖 2012》公益主题晚会上，基金会正式发起了“山村幼儿园计划”，在更大范围推广。

2. 项目的主要做法

针对农村贫困地区的交通条件、经济水平，山村幼儿园尽量遵循操作简便、成本合理、服务可及和质量保障这四方面原则开展工作。项目的主要做法包括：将农村小学闲置教室适当改造，作为幼儿园场地；从当地招聘大专、中职幼师专业毕业生，考试合格后聘为志愿者；成立教研团队，带领志愿者每两周一次观摩培训和假期集中培训；开发贴近幼儿生活的课程资源。山村幼儿园为公办、公益性质，考虑到贫困地区家庭状况，不向家长收费。具有以下五个特点。

第一，送教入村，就近入园。按照“条件具备、相对集中、方便集散”的原则，由县教育局和乡镇中心校负责，在幼儿人数相对集中的村庄开设“山村幼儿园”。幼儿园主要设置在小学闲置校舍、村委会或租用的民居里，方便年迈的祖辈送幼儿入园，同时也降低了孩子在路途上的安全隐患。

第二，注重培训，保证质量。幼儿师资匮乏是学前教育发展的突出问题。山村幼儿园通过招募幼教志愿者来解决这一难题。志愿者赴“山村幼儿园”组织开展教学活动，提供全职服务，并每月享受一定的生活补助和交通补助。此外，志愿者定期参加由县教育局安排的多种形式的培训活动，不断提高自身工作能力。

第三，营养和教育并重。考虑到农村幼儿饮食结构单一、微量营养元素缺乏的问题，项目借鉴国际经验，向幼儿提供课间点心。

第四，混龄教学。幼儿的混龄教学是国外一些幼儿园的做法，国内幼儿园也有试验。由于一个村的幼儿往往各年龄段都有，加之幼教志愿者有限，山村幼儿园只能实施“混龄教学”，但是因为借鉴了国内外“混龄教学”的经验，充分发挥了“大孩子带小孩子，小孩子促大孩子”的特点，在促进幼儿社会性发展方面更显优势。

第五，特色化教学大纲编制。各试点县组织县示范幼儿园和骨干教师，根据农村幼儿特点编制了教学大纲和教师用书，教案中加入了许多本地化和民族化的游戏、课件内容。志愿者老师根据大纲编写每天的教案、组织教学并接受考评。

3. 项目范围及服务对象

经过长期摸索实践，山村幼儿园在解决偏远农村入园难问题上取得显著成效，得到幼儿家长和社会各界一致好评。2012 年，基金会面向社会募款并在中西部更多省（区）推广山村幼儿园模式，扩大项目覆盖范围。截至 2017 年 8 月，基金会和地方政府合作，在青海、贵州、湖南等 9 个省（区）17 个县（市），设立山村幼儿园近 1800 所，在园幼儿 4.5 万多人。山村幼儿园主要设置在贫困人口集中分布的偏远农村，这里的孩子不少是留守、贫困及单亲家庭的儿童，是最需要帮助的群体。山村幼儿园为这些需要帮助的孩子的学前教育提供了兜底和保障，是现阶段正规幼儿园无法覆盖全部幼儿时非常必要的延伸和补充。

4. 项目效果及政策影响

为了检验山村幼儿园的效果，2015 年 8 月，中国发展研究基金会委托华东师范大学周念丽教授及其团队对项目进行第三方评估。该团队从已经开展山村幼儿园项目试点的 8 省 12 县中随机抽取甘肃省华池县、青海省乐都区、山西省兴县三地，选取未入园儿童、山村幼儿园儿童、县城幼儿园儿童三类共 406 名，从心理测评、游戏测评、绘画测评三方面进行了科学、严谨的评估。评估发现，比较县城幼儿来说，山村幼儿园幼儿比较优越的地方是社会情绪和动作，这是比较显性的能够在较短期内获得发展的两个维度。但是在需要长期积累的语言、认知以及游戏和绘画技能维度，山村幼儿园幼儿比县城幼儿薄弱。所有测评维度上，山村幼儿园幼儿都显著优于未入园儿童（见图 5.6）。可见，山村幼儿园显著缩小了未入园儿童与县城幼儿园儿童在心理测评上的差距。此外，山村幼儿园不仅促进了农村儿童健康成长，为幼儿特别是少数民族地区幼儿进入小学做好准备；还减轻了贫困家庭经济负担，受到农民家长的由衷欢迎。

随着山村幼儿园的不断推广，山村幼儿园各试点县学前教育普及率都已接近或超过 90%（见表 5.1）。

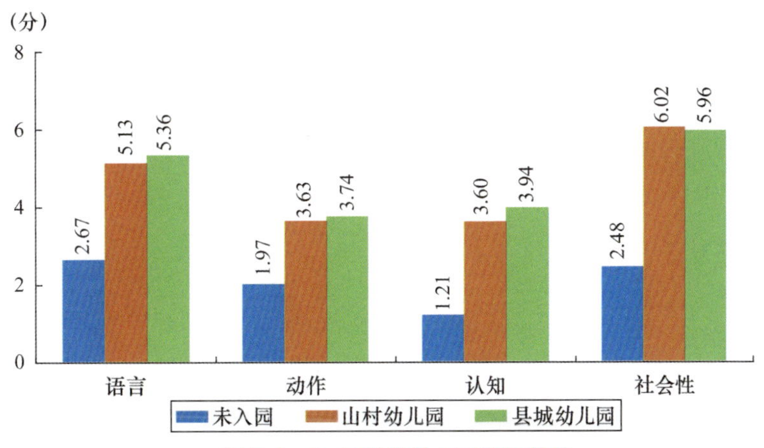

图 5.6 4～5 岁儿童心理测评得分

资料来源：中国发展研究基金会：《一村一园：从试验到推广》，2017 年。

表 5.1 部分山村幼儿园试点县学前三年毛入园率

项目地区	学前三年毛入园率（%）	项目地区	学前三年毛入园率（%）
青海乐都区	96.2	新疆阿勒泰农村	99
贵州松桃县	92.2	新疆青河县	98.4
湖南古丈县	88	甘肃华池县	91.8
新疆吉木乃县	100		

资料来源：中国发展研究基金会：《一村一园：从试验到推广》，2017 年。

山村幼儿园增强了地方政府对普及村级学前教育重要性的认识，并进一步撬动地方政策和财政投入。部分试点省（市、县）参考山村幼儿园模式，相继制定当地发展农村学前教育的具体措施。如青海省在乐都试点的基础上，在 15 个县推广山村幼儿园模式。贵州省铜仁市在总结松桃县试点经验的基础上，出台了《铜仁市山村幼儿园建设两年行动计划（2014－2015 年）》，共投入财政资金 1.5 亿元，建成山村幼儿园 2005 所，全市农村学前教育资源覆盖率从不足 10% 实现全覆盖，有效解决了 4 万余名农村幼儿入园难的问题。新疆阿勒泰地区 2015 年底启动“雏鹰工程”，地区财政设立专项基金奖补“山村幼儿园”，直接推动农牧地区学前三年入园率高达 90% 以上。

（二）教育部巡回支教计划

1. 背景

为贯彻落实《国务院关于当前发展学前教育的若干意见》（国发〔2010〕41 号）和《财政部 教育部关于加大财政投入支持学前教育发展的通知》（财教〔2011〕405 号）精神，加快农村地区学前教育发展，根据《教育部 财政部关于印发〈支持中西部农村偏远地区开展学前教育巡回支教试点工作方案〉的通知》（教基二〔2011〕5 号）要求，在中西部农村地区实施了中西部农村偏远地区学前教育巡回支教试点工作。

2. 支教点的设置与管理

第一，巡回支教点应设在人口居住分散、交通不便、不具备独立办园条件的行政村。一村只能设置一个支教点。

第二，巡回支教点可设在农村闲置校舍、农家书屋、妇女活动中心、村党支部活动室等场所，应坚固、安全、实用，布局合理，有必要的室内外活动场地。

第三，巡回支教点的卫生、消防、安保等方面要符合相关规定，周边无污染和高强度噪声干扰，做到安全卫生、清洁美化，满足组织幼儿和家长开展保育教育活动的需要。支教点应根据幼儿的数量和年龄特点，配备必要的桌椅、户外游戏设施和玩教具。鼓励各地因地制宜，充分利用当地资源自制安全实用的玩教具和游戏材料。

第四，每个巡回支教点志愿者数量与覆盖地区适龄幼儿数量的比例原则上不超过1∶10。适龄幼儿总人数在 30 人以下的混合编班，总人数在 30 人以上的可以分年龄编班。

第五，县级教育行政部门统筹负责巡回支教点的设置与管理。确定支教点所在的乡镇中心幼儿园或临近村幼儿园具体负责管理各支教点，指导巡回支教志愿者制订具体支教计划和时间安排，因地制宜安排适宜的教育活动和内容，定期开展教研活动，及时总结经验，研究解决工作中遇到的困难和问题。支教点所在乡（镇）政府和村委会负责维护支教点的治安和安全，动员和组织家长参与支教点组织的各种教育活动。

第六，各试点县教育行政部门要与志愿者签订《志愿服务协议书》，明确教育行政部门和志愿者之间的权利和义务。

第七，各省份试点工作所需经费由中央财政和地方财政共同承担。巡回支教志愿者工作生活补贴标准参照用人单位所在地事业单位新聘用工作人员试用期满后的工资水平确定。中央财政对巡回支教志愿者在岗期间的工作生活补贴及参加社会保险等费用给予补助，对新设立的巡回支教点给予一次性补助，用于支教点购置教具和相应的设施设备等，

第八，地方财政负担组织实施试点工作必要的工作经费、志愿者体检、培训费用以及工作生活补贴和社会保险补贴的不足部分等，负责为巡回支教志愿者缴纳社会保险，负担支教点日常运转、玩教具和相应设备的更新维修费用。

3. 成效

2015 年巡回支教试点县达到 91 个，支教点 4733 个，招募志愿者 10647 人，一定程度上缓解

了中西部偏远农村地区幼儿园教师短缺困难。同时，教育部、财政部印发《关于调整中西部农村偏远地区学前教育巡回支教试点工作组织实施方式的通知》，决定从2015年起，不再统一组织实施试点工作，由中央财政和地方财政支持地方自行实施。

（三）互满爱“未来希望幼儿班项目”

1. 项目背景

截至2013年底，教育部实施的第一个学前教育三年行动计划将全国的入园率增长到67.5%。但是此数据并非代表各地区分布均匀的情况，如在云南省，截至2013年底，学前三年的入园率只有49%，贫困地区的入园率更加不乐观，临沧州的入园率只有24%，四川省布拖县只有20%。因此，为了创建一个更加和谐的社会，在起始阶段，我们需要为贫困地区的孩子们提供平等的充足的早期教育机会。

2. 项目解决方案

为了解决上述紧迫的学前教育问题，互满爱人与人中国（“HPP”）在2008年创建了“未来希望幼儿班项目”（POF）。项目动员乡村社区设置由15～30个孩子组成的混龄幼儿班，利用当地可用的空闲建筑，社区选择幼儿班老师，家长支付教师工资，互满爱开展培训，在互满爱工作三年之后，移交给社区或当地政府。互满爱“未来希望幼儿班”提供了用最小的成本在自然村庄进行学前教育的机会。由社区支持和发起的“未来希望幼儿班项目”，使得项目更加可行和可持续。

3. 效果与成效

截至2017年6月，“未来希望幼儿班项目”在云南省、四川省、湖北省的9个贫困县212个村开展学前教育，覆盖9900名儿童。

五、改善学前教育的策略措施

为社会底层的儿童提供学前教育机会，构筑向上流动的渠道，是防止贫困代际传递的根本途径。中国已经提前五年实现《国家中长期教育改革和发展规划纲要（2010 - 2020）》确定的学前教育事业发展目标。学前教育当前的主要矛盾已经不再是总体规模问题，“入园难”“入园贵”的主要原因是结构性供给不足问题以及公平性问题，需要着重解决特定人群和特定地区儿童还不能享受公平可及、基本有质量保证的学前教育服务的问题，应该把解决集中连片特困地区村一级学前教育作为精准扶贫的重要手段，让这些地区的幼儿在自己的村里就能接受到系统、适宜的学前教育。未来，学前教育发展的方向应该是调整目标、增加供给、建立机制和促进公平，推进学前教育向行政村延伸；学前教育发展的目标应该从重视规模和入园率转变到突出对特定地区和特定弱势群体子女入园享受有基本质量保证的学前教育。

（一）丰富学前教育的供给模式

解决“入园难”的关键在于增加学前教育的供给，但在具体的拓展思路上，未必只着眼于正规幼儿园的设置，“全日制”“机构化”“学校式”的幼儿园并不是唯一的选择，而是可以因地制宜，丰富学前教育的供给模式。

1. 大力发展普惠性幼儿园

在调结构方面，学前教育建设要“保存量，扩增量”。一是大力发展公办幼儿园。在乡镇和人口较集中的行政村建设普惠性幼儿园，在农牧区新建公办乡镇中心幼儿园和合理利用中小学富余校舍、村庄闲置房屋和其他资源改建幼儿园，在村里建立公办幼儿园或免费将这些设施提供给普惠性私立幼儿园办学使用，以便缓解入园压力，避免教育资源的浪费。在人口集中的行政村独立建园，小村设分园或联合办园，人口分散的偏远地区设立巡回支教点、配备专职巡回指导教师，逐步完善农村学前教育网络。二是积极扶持向大众收费较低的普惠性、非营利性民办幼儿园。对部分条件成熟的民办幼儿园提供补助，包括派驻公办教师、鼓励补贴、购买服务、租金补贴等，并对保教费及书本费、生活费、校车接送费等幼儿园收费给予指导价。

2. 推进村级“幼教点”的建设

根据卢迈、杜智鑫、曹艳等学者基于实证研究的建议，解决贫困农村儿童学前教育问题比较简便可行的办法，就是送教到村。根据儿童人数，每个幼教点配备 1 ~ 2 名幼教志愿者，利用原有的小学闲置场地或村委会等房屋，每园每年的成本只需 3 万元。经过专家评估，项目促进了幼儿语言、动作、认知等多项能力的综合发展，显著缩小了与城市幼儿的差距。如青海省乐都区自 2009 年实施项目，目前幼教志愿者队伍基本稳定，已有 3500 多名贫困山区儿童从幼教点升入小学，他们在学校的表现远好于没有接受学前教育儿童，而与来自公办园和民办园儿童相差无几。

按照卢迈等学者的测算，中国集中连片的 680 个贫困县有大约 10 万个行政村，其中有 6 万个设有村级小学或教学点，只需给予资金支持，用幼教志愿者替代年龄偏大的小学老师，很快可以将原来小学化的学前班改造成“幼教点”。另外的 4 万个村也可以聘用幼教志愿者，利用闲置的小学校舍，开办幼教点。估算 10 万个幼教点每年所需的经费仅为 30 亿元。而为 300 万儿童在城镇建幼儿园，要花 600 亿元，这笔钱可以支持 10 万个幼教点运转 20 年。

3. 扶持“流动幼儿园”的发展

所谓“流动幼儿园”，指的是根据需要设立的无正规建制、可以灵活移动的非正式幼儿园，目前一般有两种存在形式。一种是特定地区政府部门鼓励设立的，在牧区和山区尤为常见①。针对政府鼓励设立的流动幼儿园，为了推动其持续流动，建议将流动幼儿园的活动情况备案，给予相应的物质或精神鼓励。另一种流动幼儿园是志愿支教性质的②。为了鼓励这类流动幼儿园的发展，贫困地区可以充分利用对口支援的条件，向提供支援的发达地区提出需求，请支援地区组织专业支教力量建立“流动幼儿园”。

（二）增大投入力度，调整经费投入重点

1. 调整经费投入重点

在扩资源方面，要充分关注人口政策调整和城镇化进程。要做好新增人口测算，调整规划，科学布局，新建、扩建一批幼儿园，让幼儿方便就近入园。一是理顺学前教育财政投入体制，建立和完善学前教育成本分担机制。在进一步持续稳定加大对学前教育的财政性投入的基础上，明确中央和地方政府在学前教育事权和财政责任划分，在贫困地区，财政投入的重心要上移。调整和改革现有学前教育投入方式和方向，改变过去以投公办园、投硬件、建机构为主，将来可以考虑加大对民办园投入力度，加大对软件（比如有效的教师培训和学前教育师资培养）的投入，加大购买学前教育服务等多种方式的学前教育投入。二是鉴于集中连片贫困地区的城镇已经基本有幼儿园布局，行政村的幼儿园布局却相对缺乏，建议集中连片贫困地区的学前教育财政经费投入从公办中心幼儿园建设为重点转到公办中心幼儿园建设与山村幼儿园建设并重上来，按照“分散

① 如内蒙古教育厅拨出专款建立草原流动幼儿园，每办起一处流动幼儿园便奖励一定金额的玩具和图书，牧民也纷纷自愿捐资办园。四川广元利州区把大山深处一些小学作为试点，并固定专业教师在每周二、周四进行免费教学，让幼儿园“流动”起来。

② 如华东师范大学于 2007 年开启“流动幼儿园”大篷车项目，到安徽偏远乡村和四川都江堰等地开展活动。

设点、就近入园”的原则修建山村幼儿园校舍，不仅方便幼儿上学，减少路途上的危险，而且大幅减少了幼儿生活费和车旅费，满足农村留守儿童等困难群体学前教育需求的当务之急。

2. 创新资助机制

学前教育财政投入时，应更加重视需求方导向的投入方式的采用，通过建立和实施学前教育资助制度来解决贫困家庭幼儿的学前教育问题，以促进教育的公平性和公益性。一是可通过建档立卡系统数据信息精准地对低收入家庭、偏远地区的家庭、少数民族家庭等进行重点资助，对低收入家庭、偏远地区的家庭、少数民族家庭实施学费全免，对抚养幼儿的低、中收入家庭实施所得税减免，为低收入家庭、偏远地区的家庭、少数民族家庭及弱势幼儿提供学前教育券①。二是可以借鉴发达国家和一些发展中国家的“有条件转移支付（CCT)”的经验，探索学前教育发展的新模式。三是可以把农村义务教育阶段学生营养改善计划进一步前移覆盖至学前教育阶段儿童。仿照义务教育阶段学生营养改善计划模式，考虑学龄前儿童不同的营养需求，给贫困农村学龄前（3 ~6 岁）儿童免费提供适合该阶段儿童生长发育需要的营养餐，消除因营养缺乏导致的贫血等营养不良疾病。

（三）多渠道拓展学前教育师资来源

针对贫困地区学前教育师资队伍短缺、专业性不强、引进比较困难等现状，建议通过如下形式拓展师资来源。

1. 大胆创新幼教志愿者管理体系和用人机制

幼教志愿者由教育局管理，但纳入共青团志愿者系列。对他们实行聘用制，加强培训，购买养老、工伤、生育及失业保险。对于工作达到一定年限的志愿者，在公办幼儿园招聘和公务员选聘时，优先录用。这样做既解决一部分农村中职毕业生就业，又迅速提高那些最需要的、最贫穷的地方学前三年教育的普及率，使最贫困的人口直接受益。

2. 探索“对口支援”服务模式

政府及教育管理部门要积极响应国家西部开发中的援助政策，联系内地省市条件好的幼儿

① 可以借鉴山东淄博市临淄区辛店街道和浙江宁波市镇海区的“幼儿教育券”政策、江苏南京市的“幼儿助学券”政策、江苏无锡市新区旺庄街道的“政府助学金”政策等。

园、幼儿师资培养培训单位以及相关科研单位开展无偿或低酬的“对口”支援，可以是资金、设备的援助，也可以是业务指导或职业心理辅导，以提高贫困地区幼儿教师的专业素养。比如，可以与周边高校在暑假期间开展对接项目，鼓励高校教师和大学生来该地区支教和参与社会实践活动。这样，当地幼儿教师也有了向专家型幼师学习的机会，并习得幼儿教育的先进理念。

3. 推广“支教实习”政策

如果本地师范大学有学前教育专业，地方教育主管部门可以要求学前教育专业学生的实习以去贫困乡村幼儿园“支教”的形式进行。每人毕业前必须支教满一学期才算完成实习环节要求。这样，既补充了贫困乡村的幼儿教师力量，大学生也得到了实习机会，一举两得。

4. 设置学前教育“特岗教师”

借鉴当前特岗教师政策实施对农村义务教师队伍补充的有效经验，建议国家设置学前教育特岗教师，专门面向广大中西部地区、边疆地区、革命老区、民族地区、贫困地区等，使其成为这些地区学前教师的重要来源，推动中西部和贫困地区学前师资队伍的补充和优化。

（四）进一步推进民族地区的双语教育

如前所述，双语教育是民族教育的重要组成部分，也是培育民族人才和解决民族教育问题的主要途径。但目前中国的双语教育尚存在诸多缺憾，有必要加以改善。

1. 加强少数民族地区双语教育教材语料库建设

民汉双语教育教材语料库建设不仅能够在民汉双语教材的编写、翻译知识的获取、双语词典的编纂、基于语料库的词义消歧等方面发挥重要作用，而且在跨语言文献检索、跨语言信息提取、语言教学、语言对比研究等领域都有着广泛的应用前景，同时也可以对民汉双语教育、民族语言及教育政策的制定，以及民族间的沟通与交流起到积极的促进作用。“十二五”期间，国家语委曾经设立“少数民族地区双语教育教材语料库建设”项目，建议切实加强少数民族地区双语教育教材语料库建设，以便为推进民族地区的双语教育提供公共服务。

2. 加强双语教师培养

美国是双语教育比较成熟的国家，他们在双语师资培训方面的经验值得参考，借鉴他们的经验，建议中国通过如下途径加强双语教师培养。第一，划拨专项资金，设立双语教师专项培训项目，对参加培训的教师给予一定的补助。第二，为了激励双语教师的从业积极性，在薪酬待遇、职称评定、培训进修等方面向双语教师倾斜。第三，在少数民族聚居的师范院校，开设双语教师选修课程，加强对双语教师的校本培训。第四，探索民汉双语师资培训的最佳途径[①]。

① 如新疆维吾尔自治区教育厅对培训的幼儿教师通过 HSK 摸底考试，成绩分级、分层次编班教学，收到了良好的效果。

第六章

贫困地区儿童早期发展的治理体系

儿童早期发展政策的实施和推进与国家治理体系有直接联系。中国计划经济时期曾建立了较低生活水平与城乡有别的儿童福利制度，随着市场经济体制的建立，儿童早期发展治理开始出现结构性转型。进入21世纪以后，贫困地区儿童早期发展治理体系建设取得较大进步，同时也面临艰巨的挑战。为避免公共服务领域常见的“政府失灵”“市场失灵”乃至“双重失灵”，儿童早期发展的治理关键在于政府宏观治理制度与市场配置资源机制之间相互协调，落实到治理体系层面，并能有效实施相关政策措施。

一、贫困地区儿童早期发展的服务定位和组织系统

（一）贫困地区儿童早期发展的服务属性定位

现代社会中的服务属性呈现分化状态，若从公共部门经济学视角看，广义服务（services）或产品（goods），可分为公共（public）、准公共（quasi-public）、私人（private）等不同类型[①]。一般经济学意义上的“政府失灵”与“市场失灵”，一旦发生在公共服务领域，引起社会不满的程度会甚于其他经济行为，而且政府的公共政策执行力乃至治理能力也会受到质疑。

【专栏6.1】　　公共服务的“三分法”

20世纪80~90年代，中国政府在政策范畴内通常采用国际组织公认的“两分法”，即由政府财政支持的公共服务和由社会（市场）交易的非公共服务。然而，部分地区政府在公共服务领域的“缺位”或在非公共服务领域的“越位”，不仅削弱了公共服务的公平性，而且影响了非公共服务的有效性，成为深化行政体制改革、转变政府职能、创新服务制度体系的突出问题。

① ［美］N. G. 曼昆：《经济学原理》，三联书店、北京大学出版社1999年版。［美］R. W. 鲍德威，D. E. 威迪逊：《公共部门经济学》，中国人民大学出版社2000年版。

进入21世纪以来，国家决策层立足基本国情，逐渐明确了“三分法”的总体思路，也就是在非公共服务以外，将公共服务再分为基本和非基本两类，大体归纳为以下三点。

基本公共服务，作为纯公共产品，具有纯公益性、准公益性、非排他性，多由公共财政全额负担，免费或基本免费提供。

非基本公共服务，作为准公共产品，具有半公益性、非营利性、部分排他性，由公共财政进行资助、补贴，选择重点购买，保持低收费水平，受益者分担适当成本，鼓励社会资本参与提供服务，或采取PPP方式。

非公共服务，作为私人产品，具有营利性、排他性，财政不直接介入，由民间资本按市场机制运作，按供需关系收费并自主定价，可有营利性框架下的多样化选择。

以上分类的政策涵义及其延展的国家级政策要点，可参见全国人大批准的“十一五”(2006~2010年)、“十二五”(2011~2015年)和“十三五”(2016~2020年)期间的三个国民经济和社会发展五年规划纲要的文本。“三分法”的核心价值取向是，遵循依法行政原则，建设行为法定、有限权责边界的法治政府和服务型政府，明晰政府在不同属性服务领域中的权责定位，同时明确服务供给方在以财政为主支持的公共资源和由市场配置的非公共资源中的基本行为规则。

资料来源：作者整理。

1. 关于贫困地区儿童发展的范围定位

中国国务院办公厅印发的《国家贫困地区儿童发展规划（2014－2020年）》[①] 实施范围显示两个特点：一是聚焦于集中连片特殊困难地区，比全国贫困地区范围要窄，但包括了680个县域内城镇与农村，可视为“2020靶向贫困地区”；二是从出生到义务教育阶段结束的农村儿童，似乎并未局限于“儿童早期发展”，联合国组织的窄口径往往集中在义务教育学龄前儿童。

再考虑2016年教育部、国家发展改革委、民政部、财政部、人力资源社会保障部、国务院扶贫办等六部门印发的《教育脱贫攻坚“十三五”规划》，该文件确定教育脱贫范围是，“以国家扶贫开发工作重点县和集中连片特困地区县及建档立卡等贫困人口（含非建档立卡的农村贫困残疾人家庭、农村低保家庭、农村特困救助供养人员）为重点”，应该说，比一般意义的贫困地区要宽。[②]

综上，本章不拟确定中国贫困地区的精确边界，同时，在儿童早期发展直接相关的政策建议方面，重点聚焦在0~6岁人口群体，暂不涉及6岁以后九年义务教育学龄人口，对不同项目的着

① 《国务院办公厅关于印发国家贫困地区儿童发展规划（2014—2020年）的通知》（国办发〔2014〕67号），2014－12－25。

② 《教育部等六部门关于印发〈教育脱贫攻坚“十三五”规划〉的通知》（教发〔2016〕18号），2016－12－16。

力点和推展运作，也预留足够的空间。

2. 关于儿童早期发展的服务定位

国内外调研表明，儿童早期发展一旦错过若干关键阶段，此后弥补成本将成倍增大，有些损害甚至难以逆转，处境不利环境中的儿童早期发展的“补课”有可能更加困难。实际上，围绕贫困地区儿童早期发展，目前地方政府从资源配置机制到组织系统制度还很不完善，不少地方处于心有余而力不足或者根本无能为力的状态，究其关键原因，既受到经济社会发展水平制约，也有公共服务定位不够明晰的问题。现有社会服务机构（非政府组织）的制度及政策环境还很不健全，难以在政府支持渠道的同时，动员社会力量和非财政资金通过慈善方式支持。

鉴于贫困地区儿童早期发展具有明显的正外部性和较强的非排他性，在上述服务属性谱系中很难被列为非公共服务，但纳入公共服务，势必遇到定位于基本公共服务还是非基本公共服务的问题，相应的组织系统和职能以及此后政策行动的路径选择，都有可能出现很大差异，需要国家决策层在特定发展阶段下特别的决心。本章考虑，在与现行政策措施衔接的基础上，在中国公共政策范畴内应将“贫困地区儿童早期发展”定位于基本公共服务，并以非基本公共服务为适度补充，作为保基本、补短板、促公平的关键举措，纳入中央和地方政府基本公共服务清单之中，由公共财政支撑并扩展服务的覆盖面，不断强化服务方式的稳定性和可持续性。确认这一服务属性定位及其保证相应政策跟进，必将有助于增强国民素质整体提升和实现人力资源可持续开发，为国家现代化建设和促进人的全面发展夯实基础。

（二）贫困地区儿童早期发展的组织系统和职能

关于2020年前的基本公共服务，《中华人民共和国国民经济和社会发展第十三个五年（2016－2020年）规划纲要》要求，“增加公共服务供给，促进基本公共服务均等化，围绕标准化、均等化、法制化，加快健全国家基本公共服务制度，完善基本公共服务体系。建立国家基本公共服务清单，动态调整服务项目和标准，促进城乡区域间服务项目和标准有机衔接。”关于2020年前的非基本公共服务，“十三五”规划纲要要求，“满足多样化公共服务需求，开放市场并完善监管，努力增加非基本公共服务和产品供给。”“创新公共服务提供方式，推动供给方式多元化，能由政府购买服务提供的，政府不再直接承办；能由政府和社会资本合作提供的，广泛吸引社会资本参与。制定发布购买公共服务目录，推行特许经营、定向委托、战略合作、竞争性评审等方式，引入竞争机制。”

依照国家对基本和非基本公共服务供给制度创新定下的基调，贫困地区儿童早期发展的组织系统必须涵盖与两类服务相关的所有供给方，主要包括公办（及部分民办）保育、教育、医疗卫生、民政社会福利与救助等机构，国务院及地方各级妇女儿童工作委员会将负责规划的组织、协调、指导和督促，执行层的重点在县域，省市县人民政府有关部门在统筹执行和监督进程方面负起法定职责。

综合全国已经启动实施的到 2020 年前的贫困地区儿童发展规划和“十三五”规划纲要，表 6.1 中的服务项目，大多已列入国家基本公共服务清单。2020 年前，中央本级财政将设立专项经费、省级财政资金配套，主要依托幼儿园、医院和相关机构，为靶向贫困地区儿童提供免费、趋于均衡化的基本公共服务，同时，有预设条件地吸引社会团体和公益组织参与补充[①]。

表 6.1　贫困地区儿童早期发展相关的组织系统

服务项目	服务属性	组织系统		省市县政府部门
		公有制	其他所有制	
普惠性学前教育资助	★	公办幼儿园、支教点	民办幼儿园、集体或单位办公益性幼儿园	教育局、财政局
儿童健康管理	★	县医院、乡镇卫生院、社区卫生服务中心和站点	村卫生室、社会团体、公益组织	卫生计生委、财政局、食药监局、教育局
孕产妇健康管理（包括新生儿出生健康）	★	县医院、乡镇卫生院、社区卫生服务中心和站点	村卫生室、社会团体、公益组织	卫生计生委、财政局
免费孕前优生健康检查	★	县医院、乡镇卫生院	村卫生室	卫生计生委、财政局
困境儿童分类保护（主要包括残疾儿童和流浪儿童）	★	儿童福利院、社会福利机构儿童部、残疾人康复机构、流浪儿童救助保护机构、公办幼儿园、医院	社会团体、公益组织、民办幼儿园、集体或单位办公益性幼儿园、民营医院、社区儿童保护设施、社会保护转介平台	民政局、财政局、教育局
留守儿童关爱保护服务	★	留守儿童流动少年宫、活动站、公办幼儿园、医院	社会团体、公益组织、集体或单位办公益性幼儿园	民政局、财政局、教育局
婴幼儿早期保育教育	☆▲	公办幼儿园、支教点	民办幼儿园、集体或单位办公益性幼儿园、社会团体、公益组织	教育局、卫生计生委、财政局
婴幼儿营养改善	☆▲	县医院、乡镇卫生院、社区卫生服务中心及站点	村卫生室、民营医院、社会团体、公益组织	卫生计生委、财政局、食药监局

① 《中华人民共和国国民经济和社会发展第十三个五年（2016－2020 年）规划纲要》，新华网，2016 年 3 月 17 日。

续表

服务项目	服务属性	组织系统		省市县政府部门
		公有制	其他所有制	
儿童安全成长保障（交通及校车、防控意外伤害等）	▲	公办幼儿园	民办幼儿园、集体或单位办公益性幼儿园、社会团体、公益组织	教育局、公安局、质监局
信息化建设	▲	公办幼儿园	民办幼儿园、集体或单位办公益性幼儿园、社会团体、公益组织	教育局、财政局、网信办

注：1. ★已经列入“十三五”期间国家基本公共服务清单；☆本章建议列入同期贫困地区基本公共服务清单；▲本章建议在有条件的地区列入非基本公共服务购买目录。2. 其他所有制指非公有制以及混合所有制。3. 幼儿园包括托儿所。4. 在省市县人民政府有关部门外专设妇女儿童工作委员会，由妇联协调事务。

在此基础上，本章建议将部分项目专门列入“十三五”期间靶向贫困地区基本公共服务清单，应该比全国其他地区的基本公共服务清单范围要宽一些。另外，还有部分需要列入非基本公共服务政府购买目录，本章建议在有条件的地区施行，更多地鼓励引导社会团体和公益组织在增加有效供给上有所作为。

二、政府、家庭、社区、企业、社会组织的角色和关系

（一）贫困地区儿童早期发展组织系统的外部关系

相比儿童早期发展组织系统中的公办（及部分民办）保育、教育、医疗卫生、民政社会福利与救助等机构，政府、家庭、社区、企业、社会组织更像是组织系统的外部关系。仅就儿童早期发展过程而言，首先，儿童与家庭的关系最为紧密；其次，儿童作为家庭以外的服务直接受益群体，同正规组织系统的关系很近；再次，构成良性家庭外服务环境，需要政府、社区、企业、社会组织等的关心、支持、帮助，将体现在多个方面。

关于政府、家庭、社区、企业、社会组织等在贫困地区儿童早期发展中的角色定位及其关系，至少可从以下两个维度入手。

第一，贫困地区公共服务供给条件。无论是因自然地理条件恶劣、交通不便，还是因灾害或疾病等因素所致，在持续性贫困状态下，由薄弱的公共财政所支持的公共服务，优先考虑的是解

决衣食温饱等基本生存问题，儿童早期发展往往容易被其他生存困难问题所遮蔽。

第二，贫困地区儿童现实处境。贫困地区的贫困家庭，特别是贫困农户，除了尽可能通过新型农村合作医疗制度诊治儿童疾病外，在儿童早期发展的其他方面既缺乏基本意识，也没有足够能力，在中国已经确定的集中连片贫困地区，贫困发生率高的农民家庭及所在社区，也大多处于这一境地。

对此，本章背景报告①提示，在相当长的历史时期中，社会上形成了儿童发展全部责任在家庭的传统观念，现在亟待更新。例如，传统社会里的重度残障儿童有些被家长抛弃，现在就需要政府承担起相当大的救助责任。再如，个别家长虐待儿童（发达国家也有此类问题），对于事件情节严重到一定程度的家长，政府依法追究刑事责任并剥夺其监护权。这样的儿童发展权益保护机制，只有在现代社会中才能建立健全起来。当然，还有诸如民族和文化传统等其他因素，也会在不同类型地区的儿童早期发展组织系统的外部关系层面造成一定压力和影响，背景报告曾给出初步分析，暂不展开评析。

（二）贫困地区儿童早期发展中的政府主导作用

儿童早期发展的管理体制，从中国计划经济时期就体现了强烈的政府主导特征。国务院妇女儿童工作委员会作为国家妇女儿童事务协调议事机构，共有33个中央单位参加，办公室设在全国妇联，教育、卫生与民政承担着较为具体的有关行政事务。这一体制一直延伸到县级，在乡村和城市基层由妇联组织来承担有关协调事务。

计划经济时期的儿童早期发展管理体制，主要是通过各级妇联与青年团组织来实施，基层行政与经济组织如企业和人民公社的生产大队、生产队，都设有妇女主任和团支部书记职位，来从事儿童早期发展工作。在计划经济体制下，城镇实行公费医疗，农村乡镇设立卫生院，村庄设立赤脚医生，用以保障包括儿童在内的全体社会成员的健康。城镇通过企事业单位、街道集体以及部分政府设置幼儿保教机构，农村则基本属于村民互助养教儿童的体制。对于生活困难儿童特别是孤残儿童，乡村敬老院含有安置孤残儿童职能，城镇设有儿童福利院专门解决困境儿童事务。不过，由于当时还没有解决温饱问题，农村食品供应很难保障，有关体制运行还是遇到不少困难。②

改革开放以来，中国经济发展和社会进步取得巨大成就，综合国力和国际竞争力大幅提升，同时，面对地区发展不平衡、城乡二元结构矛盾、集中连片贫困等问题，国家在增加公共服务供

①② 王振耀：“贫困地区儿童早期发展与治理”，中国发展研究基金会背景报告，2016－11。

给方面坚持向革命老区、民族地区、边疆地区、贫困地区倾斜，贫困地区儿童早期发展治理体制逐渐建立健全。1981 年，中央决定成立全国儿童少年工作协调委员会，1993 年 8 月，更名为国务院妇女儿童工作委员会并沿用至今。

国务院于 2001 年和 2011 年相继颁布了《中国儿童发展纲要（2001－2010 年）》和《中国儿童发展纲要（2011－2020 年）》，两个十年规划纲要不仅确立了“依法保护、儿童优先、儿童最大利益、儿童平等发展、儿童参与”五项基本原则，而且在组织实施方面规定，“国务院及地方各级妇儿工委负责纲要实施的组织、协调、指导和督促。政府有关部门、相关机构和社会团体结合各自职责，承担落实纲要中相应目标任务”。其中，对政府及家庭、社区、企业、社会组织等各方的基本角色与实施政策的关系，也适用于贫困地区儿童早期发展①。

进入 21 世纪第二个十年，特别是中共十八大以来，在以习近平同志为核心的中共中央确定的“四个全面”战略布局中，围绕 2020 年全面建成小康社会这一战略目标，实施全面深化改革、全面依法治国、全面从严治党三大战略举措，中国开始推进法治国家、法治政府、法治社会一体建设，公共服务领域改革也进入了深水区和攻坚期。2017 年，习近平总书记在中共十九大报告中重申全面依法治国各项部署，明确要求：“建设法治政府，推进依法行政，严格规范公正文明执法。……转变政府职能，深化简政放权，创新监管方式，增强政府公信力和执行力，建设人民满意的服务型政府。”

在中国这样人口众多的发展中国家，公共服务领域改革应尽可能寻求覆盖困难地区和处境不利群体的“正帕累托改进”，原则上，如不能有效增加处境不利群体利益，也至少做到不使他们原有利益过度受损，即使受损，也应有相应的超越一般群体的修补机制。在一般地区，需要注意避免政府借改革之名推卸在公共服务领域中的法定责任，而在贫困地区，有些地方政府在公共服务领域确实没有依法负责到位，但大多属于财政紧张而缺乏保障公共服务的能力，也有少数属于制度建设不够健全、公共资源配置不够合理的问题。

在贫困地区尤其是农村的家庭、社区，面对“政府失灵”或“市场失灵”时的“失语”状态，以及当地社会舆论监督政府的“失措”局面，这些情况发生的可能性远大于其他非贫困地区。而贫困地区的本土化企业、社会组织的参与能力和程度，也小于贫困地区以外的同行。此外，贫困地区内部不同组织的相互帮扶与合作，也明显受制于资源条件。源自贫困地区外部企业、社会组织的支援，在政府要求的结对定点帮扶方面已有较多实效，但民间慈善事业发展还很不平衡，总体上还比较松散薄弱。这是在制定和落实从改革开放以来的长期扶贫开发到近期的脱贫攻坚，以及相关的儿童发展规划时，中国政府均强调“坚持政府主导、增加社会合力”基本原

① 《中国儿童发展纲要（2011－2020 年）》（国发〔2011〕24 号），2011－07－30。

则的一个重要出发点。

2013 年中共十八届三中全会文件在确立“使市场在资源配置中起决定性作用和更好发挥政府作用”的基础上，明确要求“政府的职责和作用主要是保持宏观经济稳定，加强和优化公共服务，保障公平竞争，加强市场监管，维护市场秩序，推动可持续发展，促进共同富裕，弥补市场失灵。”[①] 其中，加强和优化公共服务的一个重点，就是要正确认识现代社会服务属性分化特点，据此厘清公共政策价值取向和行为边界。中共十九大报告进一步要求，“坚持人人尽责、人人享有，坚守底线、突出重点、完善制度、引导预期，完善公共服务体系，保障群众基本生活，不断满足人民日益增长的美好生活需要”。加快建设法治政府和服务型政府，具体延展到脱贫攻坚进程，也要同公益事业（公共服务）治理体系改革紧密相连。

国务院办公厅印发的《国家贫困地区儿童发展规划（2014－2020 年）》对落实地方政府责任专门提出要求，相关部门拓展为发展改革、财政、教育、卫生计生、民政、公安、工业和信息化、水利、扶贫、妇儿工委等以及妇联、共青团、残联等单位。总体方向是，在贫困地区儿童早期发展中，强化政府责任，引导家庭、社区、企业、社会组织等各方协同发力，尽快补上儿童早期发展的突出短板。

三、贫困地区儿童早期发展治理的进展和问题

（一）进入 21 世纪以来中国贫困地区儿童早期发展的政策进展

儿童早期发展政策的实施和有关福利制度的推进，都与国家儿童早期发展治理体系有着直接联系。中国计划经济时期曾建立了较低生活水平与城乡有别的儿童福利制度，而随着市场经济体制的建立，儿童早期发展治理开始出现结构性转型。进入 21 世纪以后，贫困地区儿童早期发展治理体系建设取得较大进步，三个方面出现具有标志性的政策进展[②]。

第一，城乡最低生活保障制度建立。城乡低保人口中未成年人占 1/10 以上，贫困地区未成年人受到更多保障。

① 《中共中央关于全面深化改革若干重大问题的决定》，新华社，2013－11－15。

② 王振耀：“贫困地区儿童早期发展与治理”，中国发展研究基金会背景报告，2016－11。

第二，农村大病医疗救助和新型合作医疗制度全面实施。贫困地区儿童先天性心脏病、白血病总共两类6种治疗费用，由新农合报销70%、大病救助基金20%补偿，可使困难家庭得到90%及以上的补偿。

第三，建立孤儿基本生活保障制度。合理确定孤儿基本生活最低养育标准，机构抚养高于散居孤儿养育标准，建立孤儿基本生活最低养育标准自然增长机制。

整体而言，贫困地区儿童早期发展的基层治理体制与整个国家基层治理体制是同构的，在国务院妇女儿童工作委员会的协调下，当前中国儿童早期发展的基层治理体系有了较为全面的发展。医疗保障方面，在普惠的基础上实施了一些专门针对儿童特惠的规定；教育与基本生活保障方面，对于儿童早期发展给予更为突出的专项投入。这些制度与体系的建立，使得基层治理体系中全面纳入了儿童早期发展的内容。

（二）中国贫困地区儿童早期发展治理中的主要问题与挑战

“受社会经济、文化等因素的影响，儿童发展及权利保护仍然面临诸多问题与挑战。”国务院发布的《中国儿童发展纲要（2011－2020年）》指出，“全社会儿童优先意识有待进一步加强，儿童工作机制有待进一步完善。城乡区域间儿童发展不平衡，贫困地区儿童整体发展水平较低；出生缺陷发生率上升，出生人口性别比偏高；学前教育公共资源不足，普及率偏低；义务教育发展不均衡，校际、城乡、区域间存在较大差距；贫困家庭儿童、孤儿、弃婴、残疾儿童、流浪儿童的救助迫切需要制度保障；人口流动带来的儿童问题尚未得到有效解决；社会文化环境中仍然存在不利于儿童健康成长的消极因素等等。”

总体上看，上述问题与挑战大多聚焦在贫困地区儿童早期发展的可获得性层面，而对形成问题和挑战的公共服务供给侧的因素及其现状，仅给出基本判断，暂没有展开阐释。根据纲要所明确的方向，“进一步解决儿童发展面临的突出问题，促进儿童的全面发展和权利保护，仍然是今后一个时期儿童工作的重大任务。”综合背景报告和其他前期研究[①]归纳出以下一些问题与挑战。

——政府主导治理路径依然偏窄。贫困地区政府提高治理能力，除要从中央到地方增加公共资源总量外，还需要更多具体工作人员，但在政府普遍精简机构以及分类改革公办事业单位的背景中，针对贫困地区儿童早期发展事项，专门增加公务员或公益一类事业单位的编制空间十分狭小。

---

① 王振耀：“贫困地区儿童早期发展与治理”，中国发展研究基金会背景报告，2016－11。

——缺乏专业化社会工作知识。面对诸多儿童早期发展方面的问题，社会普遍认为需要加强基层干部责任，似乎只要实行问责制度就可以解决问题。而某些突发事件表明，即使管理体系严密，但因缺乏社会工作专业知识，面对儿童们超出温饱类的问题，基层干部还是显得相当无奈。至今，儿童早期发展相关知识技能还没有被纳入基层工作人员必备的知识体系中。

——儿童早期发展活动场所匮乏。儿童早期发展的组织系统的建设与运行，需要政府规划与公共财政支持。但在部分地区单纯追求 GDP 的理念影响下，在研制规划与确定财政预算方面，过于偏重产业布局和经济发展速度，很难重视儿童早期发展设施方面的规划与投入。

——农村基层治理体系基础薄弱。在贫困地区乡镇农村工作条件差、薪酬待遇差、上升通道窄，专业人才不愿去，去了不愿留，时间长了不愿干，公办保育、教育、医疗卫生、民政社会福利与救助等人员数量不足、素质不高。部分农村地区村民自治委员会制度不健全，基层治理法治化程度不高。

——依法治理水平亟待提高。在贫困地区县乡行政干部中，有不少对国家决策意图特别是儿童早期发展政策不熟悉，把握政策信息不够准确，依法治理意识淡薄，受媒体报道影响而趋于感性化、碎片化。有些地方人大在未成年人保护方面问责政府不到位，教育督导不能很好地发挥功能。

——社会组织力量参与需要整合。贫困地区儿童早期发展是国内许多社会团体、公益组织服务的重点领域，但因各种因素所限，同一区域内的社会组织力量有时缺乏沟通交流机制，各自开发服务站点和实现方式，资金条件和工作周期也不一样，不能优势互补、协同推进。

四、贫困地区儿童发展治理的改善与创新

（一）贫困地区儿童早期发展治理改善与创新的基本思路

从国际经验来看，许多发达国家制定了《儿童福利法》，国家依法设立儿童福利局，一般可以延伸到基层，儿童事务通常不受基层管理体制影响而具有较大独立性，而儿童福利网络一般普及到城乡社区，支持儿童早期发展的专业化体系比较健全，政府建设的公共服务机构通常与社会组织形成密切合作的机制。

当代中国正在全面深化改革、全面依法治国，都将推动国家治理体系和治理能力现代化作为

战略目标。[①] 仅就公共服务领域而言，治理体系应主要包括管理体制、法律规范与有关政策系统、基层的管理规范与基础设施建设等多个方面。贫困地区儿童早期发展治理的问题与挑战，与治理体系和治理能力的关系十分密切。

按照中国政府对脱贫攻坚的战略和策略定位，即使是非贫困地区尚未完全实施的特殊政策，也可以在国家界定的贫困地区内优先安排改善和创新举措，精准定位、协同发力，并不一定要求具有推广意义。比如，在其他地区尚未纳入财政全额支付的非基本公共服务，在贫困地区儿童早期发展领域允许列为财政全部兜底的基本公共服务。再如，在其他地区尚未形成儿童福利立法的充分必要条件，在贫困地区大多省区可以率先申请全国人大授权，进行专题性质的地方立法，先试先行。

总之，在贫困地区儿童早期发展领域，要在中央和省级政府的统筹下，探索采用非常规方式重点解决完全靠常规方式难以解决的困难问题，努力争取更多时间，加快缩小差距的步伐，为全面建成小康社会补齐短板。

（二）贫困地区儿童早期发展治理的改善与创新着力点

当前，中国儿童早期发展基层治理体制在整体上出现了较大的结构性缺陷，但同时也存在着较大的提升空间。背景报告认为，应恰当借鉴部分发达国家在儿童早期发展方面制度建设及其依法治理的经验，抓紧在国内建立专业化的儿童社会工作体系和社会服务体系。[②]

在此，本报告希望在儿童早期发展治理相关体系建设方面提出一些改善与创新着力点，也期待这些体系建设的着力点能够为贫困地区儿童早期发展发挥基础性、先导性、前瞻性的作用。

——积极启动儿童福利立法。儿童福利牵涉面相当广泛，需要全社会一致行动，既需要政府的预算投入与制度保障，更需要社会参与，包括家庭诸多社会责任的落实。如果仅靠政策实施儿童福利制度，很难实现可持续发展。在依法治国的环境中，政策毕竟不同于法律，处理纠纷及诉讼所依据的只能是法律而非政策文件。立法能够促成社会意识整体性改变，也能够促成社会行为方式调整。如果在儿童福利领域实现立法，将为我国社会建设特别是儿童早期发展治理产生深远影响。

① 关于国家治理体系和治理能力的基本涵义，习近平主席指出，“国家治理体系是在党领导下管理国家的制度体系，包括经济、政治、文化、社会、生态文明和党的建设等各领域体制机制、法律法规安排，也就是一整套紧密相连、相互协调的国家制度；国家治理能力则是运用国家制度管理社会各方面事务的能力，包括改革发展稳定、内政外交国防、治党治国治军等各个方面。”引自习近平：“切实把思想统一到党的十八届三中全会精神上来”，新华社，2013 年 12 月 31 日。

② 王振耀：“贫困地区儿童早期发展与治理”，中国发展研究基金会背景报告，2016 - 11。

——从国家到地方建立专门的儿童福利局（直属国务院）。儿童发展不再完全由家庭承担，儿童发展服务相关事项正在成为现代国家的一项基本职能，政府必须在基本公共服务均等化方面负起法定责任。为此，应在国家级建立专业化的儿童福利局，直至县级设置儿童早期发展服务支撑系统，并适时延伸到乡级，统一管理协调儿童早期发展事务，既有战略规划和具体标准，还有日常事务管理。

——在县域内重点构建儿童福利社会组织网络。儿童早期发展事务在城乡社区落实，县域内组织实施至关重要。特别是公共服务事业需要社会组织的参与和配合，政府还要根据需要委托社会组织具体承担服务事项。因此，有必要探索以县级行政区划为单元，构建具有地方特色的社会网络体系，重视开发和培育社会组织。

——儿童早期发展设施建设经费应纳入财政规划。儿童早期发展治理是一个综合性支持体系，既需要资金与专业化人员的支持，也需要各业设施来保障。例如，受虐待儿童需要专门设施予以安置，儿童成长也需要包括博物馆、儿童公园与社区儿童活动中心等设施，都需要资金。需要各级政府在建设经费方面全面规划，在加大财政专项经费安排力度的同时，引导社会公益慈善力量合作。

——加强儿童福利社会工作队伍建设。儿童福利社会工作队伍建设，既要在理论上不断探索总结，更要在实践上不断强化创新，必须更加重视儿童早期发展教育的专业化体系建设。目前，我国正规学校教育体系在儿童早期发展专业人才培养机制上还存在着较明显的结构性缺陷，要将儿童福利社会工作教育与地方管理服务等紧密结合起来，需要学校教育体系、儿童福利管理系统和社会组织之间建立多种合作联系。

第七章

贫困地区儿童早期发展资金投入与可持续发展

资金投入结构是贫困地区儿童早期可持续发展的基础条件，如果要在贫困地区形成稳定的资金运行体制机制，在相当长时期内，很大程度上仍要以政府财政拨款和政策引导为主要支柱，社会和机构资助为辅助和补充。本章试图就现有指标数据作一散点式分析。[①]

一、贫困地区儿童早期发展公共财政支出的状况与分析

（一）政府资金支持或购买服务的儿童早期发展项目

1. 增补叶酸预防神经管缺陷项目

国家卫生部于2009年启动实施此项目，免费为农村妇女在孕前3个月至孕早期3个月每日补服叶酸。截至2013年底，中央财政共投入6.3亿元，全国4577万名农村生育妇女受益，有效减少了新生儿神经管畸形发生。[②]

2. 消除婴幼儿贫血行动

全国妇联和卫生部于2011年5月启动实施此项目，作为中央政府购买慈善服务项目试点，2013～2015年获得“中央专项彩票公益金”资金支持共计1.5亿元[③]，在陕西、四川、甘肃、宁夏、内蒙古、新疆6个省区22个项目县实施，每年惠及6～36个月婴幼儿约42万名。

① 中国现行统计指标体系的数据问题主要是：1.0～6岁儿童发展指标尚未形成体系，指标分类不清晰。2. 现有指标不易区分地区和群体，如孕产妇健康管理（包括新生儿出生健康）、免费孕前优生健康检查、婴幼儿早期保育教育、婴幼儿营养改善等，仅有全国总计数据。3. 不同年份数据及其口径差异性很大，不易纵向比较。4. 有些并非常规统计数据，如困境儿童分类保护、留守儿童关爱保护服务、学生安全成长保障等，最多仅有样本调研结果，而且经费资料统计不全。

② 卢迈、杜智鑫：“中国的反贫困与儿童早期发展”，中国发展研究基金会背景报告，2016-11。

③ “消除婴幼儿贫血行动”简介，中国妇女网（http://www.women.org.cn/col/col156/index.html）。

3. 贫困地区儿童营养改善项目

卫生部和全国妇联于2012年启动实施此项目，资金投入从2012年的1亿元增加到2014～2015年的每年5亿元，部分省份实行项目经费配套；项目从100个贫困县逐步扩大到341个县，累计267万儿童受益。

4. 儿童健康管理项目

卫生部于2011年宣布中国人年均基本公共卫生服务经费标准由15元提高至25元[①]，儿童健康管理服务对象由0～3岁扩大到0～6岁，流动人口也将被纳入服务范围。国家基本公共卫生服务项目于2009年启动，向城乡居民免费提供，经费由政府预算安排，各级财政投入资金总额300多亿元，其中覆盖贫困地区儿童的比例待查。国家卫生和计划生育委员会、全国妇联、民政部、国务院扶贫办与联合国儿童基金会合作，于2014年在贵州松桃县开展促进贫困地区0～3岁儿童早期综合发展试点项目，实施包括营养卫生、关爱儿童发展、早期启蒙、儿童保护和儿童减贫等各个领域的综合干预性措施，促进偏远地区儿童早期综合发展。国家卫计委、农村教育行动计划、陕师大教育实验经济研究所、中国科学院农业政策研究中心、美国斯坦福大学等单位于2014年在陕西省商洛市共同实施"养育未来"婴幼儿早期发展干预实验项目。[②]

5. 贫困残疾儿童抢救性康复项目

中国残联于2009年启动实施此项目，中央财政安排专项补助资金（2009～2011年共计7.11亿元），资助对象为符合条件的城乡有康复需求的贫困残疾儿童（包括视力残疾、听力语言残疾、肢体残疾、智力残疾、孤独症儿童），其中，优先资助城乡低保家庭的贫困残疾儿童，重点使贫困残疾儿童得到康复救助。[③]

6. 村儿童福利主任

民政部联合联合国儿童基金会、北京师范大学中国公益研究院于2010年在山西、河南、云南、四川和新疆等5省区12个县（半数属于集中连片贫困地区）开始中国儿童福利示范项目的试验，在村庄建立儿童福利主任、设置儿童之家，确立儿童福利工作机制。

① 中国每人年均基本公共卫生服务经费标准提至25元，中国网，2011－5－24。

② 卢迈、杜智鑫："中国的反贫困与儿童早期发展"，中国发展研究基金会背景报告，2016－11。

③ "中国残联贫困残疾儿童抢救性康复项目实施方案"，2011－4－2，中国残联网站（http：//www.cdpf.org.cn/ywzz/kf_211/cjrkfxm/201104/t20110402_27695.shtml）。

（二）学前教育的财政性经费状况

进入21世纪以来，中国政府依法将幼儿园教育经费纳入财政性教育经费范围之内。在3～6岁儿童的学前教育方面，中央财政设立支持学前教育发展资金，引导和激励地方完善学前教育公共服务体系，各地积极加大财政投入，探索出台公办园生均公用经费标准或生均财政拨款标准，制定幼儿园收费管理办法，明确幼儿园收费项目和标准。政府在保障儿童早期发展上发挥着重要的作用。在2010～2016年的两个“学前教育三年行动计划”中，中央政府投入超过900亿元，地方政府投入超过4000亿元。2016年，学前三年毛入园率达到77.4%，比2009年的50.9%提高了26.5个百分点。

表7.1显示，2015年全国各级各类教育经费收入3.56万亿元，其中，国家财政性教育经费2.87万亿元，占80.6%，公共财政预算安排教育经费占财政性教育经费的97.87%。同年，全国学前教育经费总投入达到2426.7亿元，是2009年的9.9倍，其中，国家财政性教育经费1132.9亿元，占46.68%，公共财政预算安排教育经费占财政性教育经费的98.74%，农村幼儿园上述两项指标比例分别为52.9%和99.18%。这与全国城乡的民办幼儿园占“半壁江山”有直接关系。

表7.1　全国幼儿园（含农村）2015年度财政性教育经费状况

	全国教育收入总计（亿元）	国家财政性教育经费		其中，公共财政预算教育经费	
		总额（亿元）	占教育收入总计比例	总额（亿元）	占财政性教育经费比例
全国总计	35617.5	28709.7	80.61%	28098.9	97.87%
幼儿园	2426.7	1132.9	46.68%	1118.6	98.74%
其中：农村	1123.5	594.3	52.90%	589.4	99.18%

资料来源：教育部财务司、国家统计局社会科技和文化产业统计司编：《中国教育经费统计年鉴·2016》，中国统计出版社2017年版。

关于幼儿园生均教育经费总支出和生均公共财政预算教育经费支出，图7.1和图7.2分别显示了全国31个省区市幼儿园和农村幼儿园的数据排序。一般来说，全国幼儿园生均公共财政预算教育经费支出相当于同期生均教育经费总支出的60%，但在农村这一指标相当于63.4%。从图7.1的省区市排序来看，京津沪位居全国前列，重庆位次偏后，西藏、青海则体现中央财政帮扶强度，而内蒙古、陕西地方财政配套力度更大，中西部许多省份位次靠后，广西在各自治区中位次最后。对此，还须考虑入园率与生均经费的关系，经济稳定发达地区应该实现“双高”，经济追赶发展地区入园率高而生均经费偏低，经济欠发达地区既有“双低”，也有入园率低与生均经费高并存的局面，此外还有地区城镇化率因素的影响。

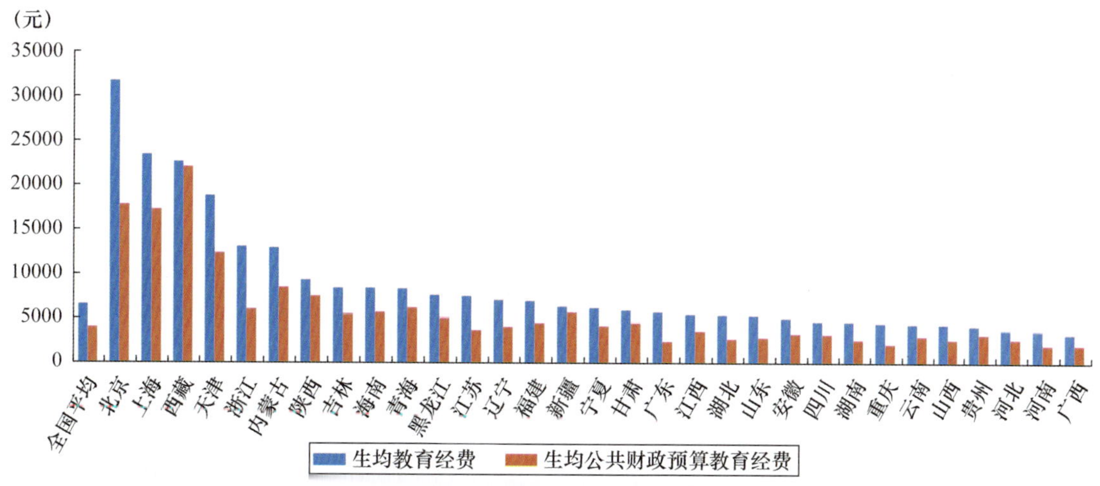

图 7.1 分省幼儿园生均经费和公共财政预算教育经费支出状况

资料来源：教育部财务司、国家统计局社会科技和文化产业统计司编：《中国教育经费统计年鉴·2015》，中国统计出版社 2015 年版。

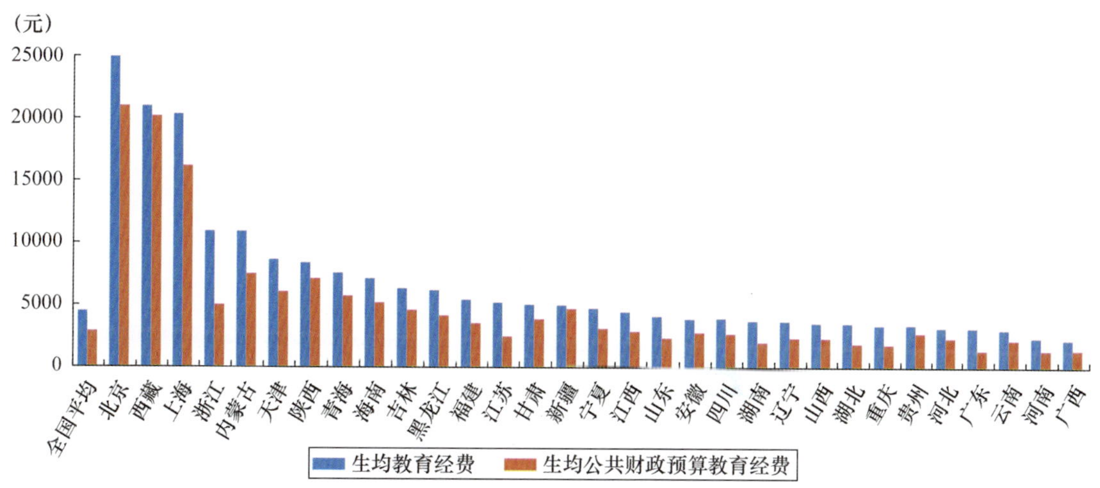

图 7.2 分省农村幼儿园生均教育经费和公共财政预算教育经费支出状况

资料来源：教育部财务司、国家统计局社会科技和文化产业统计司编：《中国教育经费统计年鉴·2015》，中国统计出版社 2015 年版。

值得注意的是，发展学前教育的地方，除部分西部地区省区可以获得稳定的中央财政拨款外，按城乡合计，生均教育总经费和公共财政预算经费的省际差距（最大值 ÷ 最小值）分别是 9.7 倍和 9.2 倍。而农村这两组数据的省际差距为 10.9 倍和 12.3 倍。

（三）学前教育财政资助专项状况

在学前教育阶段，按照“地方先行、中央补助”的原则，从 2011 年秋季学期起建立学前教育资助制度，包括政府资助、幼儿园资助、社会资助三个组成部分。其中，政府资助是指地方政府对经县级以上教育行政部门审批设立的普惠性幼儿园在园家庭经济困难儿童、孤儿和残疾儿童予以资助。中央财政根据地方出台的资助政策、经费投入及实施效果等因素，予以奖补。

图 7.3～图 7.5 表明，政府对学前教育家庭经济困难儿童、孤儿和残疾儿童实行资助的财政资金逐年递增，省、市、县三级财政资助的比例较为稳定。西部地区分配额度接近 60%，体现了政府资助向贫困率发生较高地区倾斜的导向。各级政府资助幼儿范围也在逐年扩大，其中，西部地区的平均资助比例（注：这一指标是受助儿童数除以本地区在园儿童数）远大于其他地区，且在缓慢提升，也反映了政府资助重点在西部地区的基本方针。

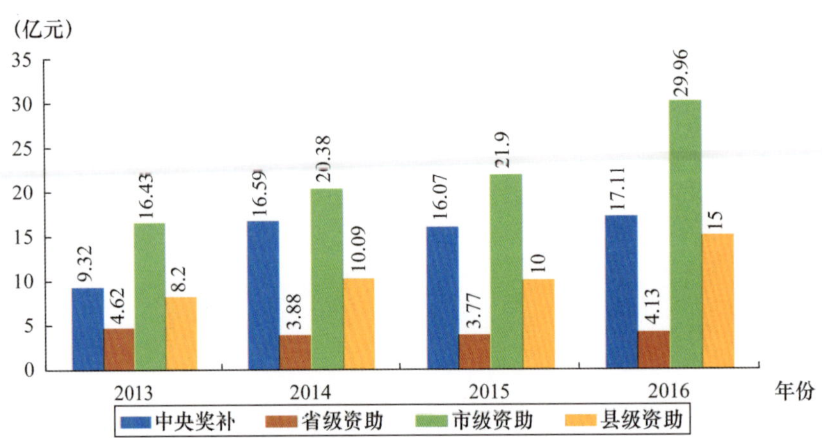

图 7.3　2013～2016 年学前教育阶段政府资助专项状况（分级别）

资料来源：全国学生资助管理中心：“2012 年中国学生资助发展报告”，2013－11－20；“2013 年中国学生资助发展报告”，2014－8－27；“2014 年中国学生资助发展报告”，2015－8－18；“2015 年中国学生资助发展报告”，2016－9－1；“2016 年中国学生资助发展报告”，2017－2－28。

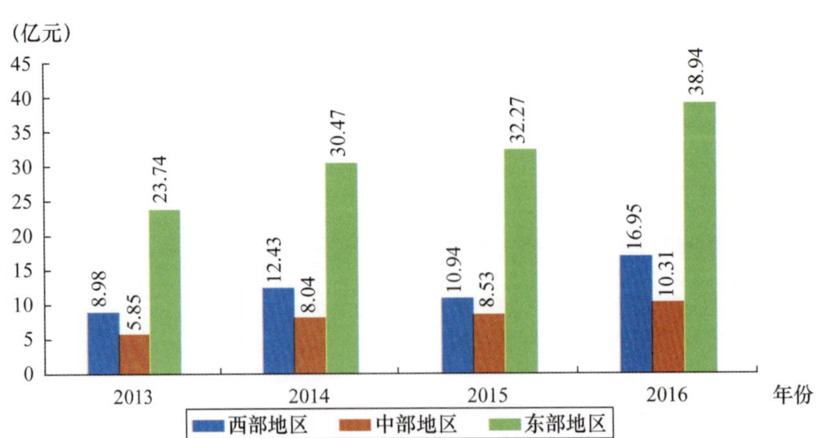

图 7.4　2013～2016 年学前教育阶段政府资助专项状况（分地区）

资料来源：同图 7.3。

仅就贫困地区学前教育资金分析而言，另有分析认为，现有学前教育财政投入以投向公办园为主，而绝大多数公办园并不以服务弱势群体儿童为主；公办园在扩大入园规模方面的贡献非常有限，在农村地区更是如此；普惠性民办园建设中没有有效增加弱势群体入园；中央和地方政府

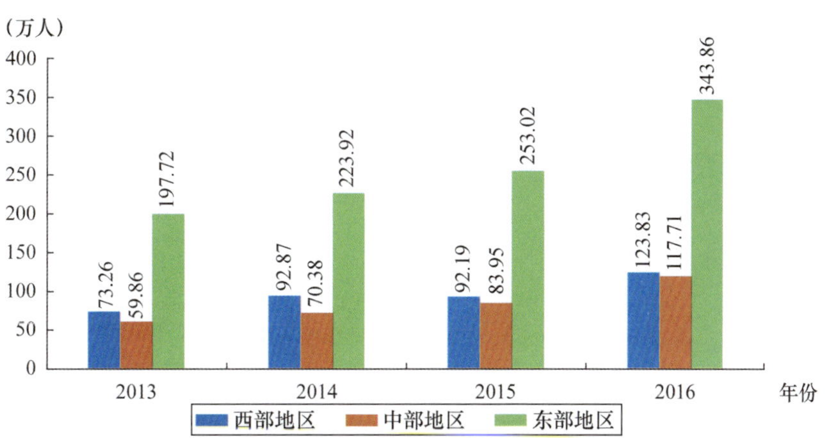

图 7.5　2013～2016 年政府在不同地区资助幼儿状况

资料来源：同图 7.3。

在学前教育领域事权划分并不明确；学前教育成本分担机制没有建立健全。[①]

二、贫困地区儿童早期发展社会资金投入的状况与分析

（一）学前教育的社会资金投入状况

国家财政性教育经费以外的社会资金投入主要分为：①民办学校（幼儿园）中举办者投入；②境内外社会各界及个人捐赠；③学校开展教学、科研及其辅助活动依法取得的、经财政部门核准留用的资金和从财政专户核拨回的资金，包括学费；④其他收入。2014 年，上述 4 项合计 6385.9 亿元，占同年全国教育总收入的 19.5%。应该说，纳入国家年度统计系统的指标数据稳定，信度效度较好，可从一定程度上体现资金基本面，但是，可以肯定的是，有更多社会资金尚未纳入年度统计之列。

2014 年，全国共有幼儿园 20.99 万所，在园幼儿（包括附设班）4050.71 万人，其中，民办幼儿园 13.93 万所，在园儿童 2125.38 万人，占 52.5%。图 7.6 和图 7.7 显示，民办幼儿园举办者投入资金占全口径教育经费的比例依然仅有 1.8%～2%，由于学前教育不属于义务教育，同年幼儿园收取入园费总额占全口径教育经费的比例高达 47.9%，包括公办园和民办园。其中，民办

① 宋映泉：“关于建立成本分担机制促进学前教育健康发展的政策建议”，《中国教育财政》，2016－12－1。

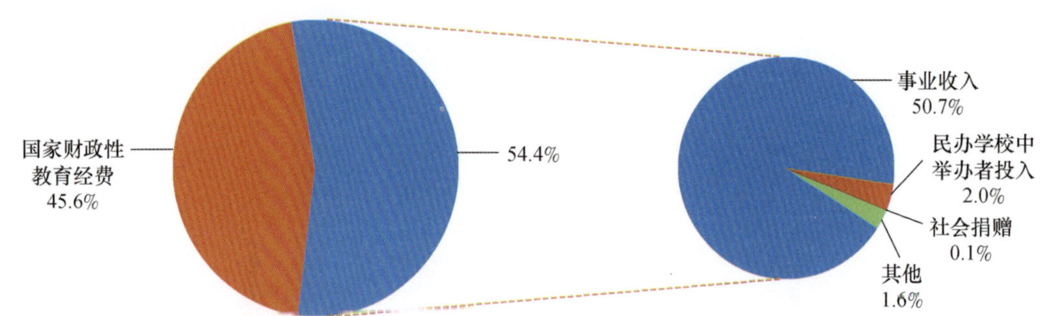

图 7.6　2014 年幼儿园非国家财政性教育经费收入情况

资料来源：教育部财务司、国家统计局社会科技和文化产业统计司编：《中国教育经费统计年鉴·2015》，中国统计出版社 2015 年版。

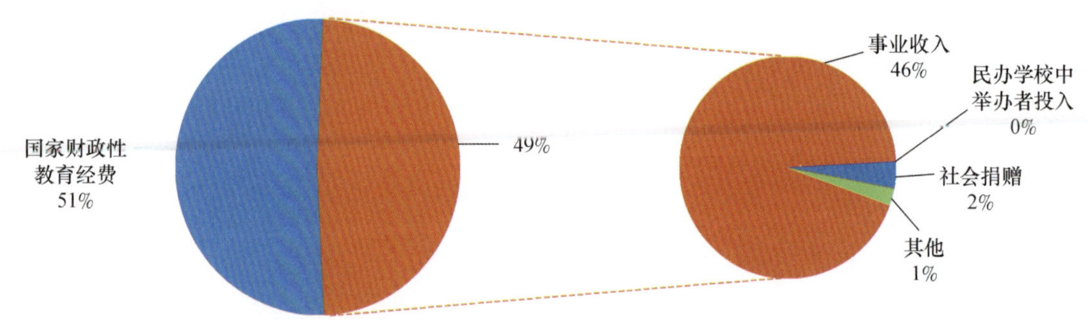

图 7.7　2014 年农村幼儿园非国家财政性教育经费收入情况

资料来源：教育部财务司、国家统计局社会科技和文化产业统计司编：《中国教育经费统计年鉴·2015》，中国统计出版社 2015 年版。

园更要依靠收取入园费支持运行，而农村入园费比例也达到 43.8%。农村民办园设点不够多也不规范，有些地方村民自助性的收费托管点，即使没有行政部门资质认定，既可能作为村办幼儿园上报统计，也可能根本未报。在这部分社会资源中，应该有一部分是可以面向贫困地区儿童特别是留守儿童服务的。

关于幼儿园生均社会经费支出，图 7.8 显示了全国 31 个省区市幼儿园和农村幼儿园的数据排序。此数据是由生均教育总支出减去生均公共财政预算教育经费支出估算而成，并不是反映民办园收费状况，而是反映不同省区市城乡居民为在园儿童平均分担的入园费（包括公办园和民办园），相当于同期生均教育经费总支出的 40%，农村这一指标相当于 36.6%，但是，涉及因素十分复杂，不能简单类比同期同地区学前教育生均公共财政预算经费分析结果。

从图 7.8 的省区市排序来看，因与各地区城乡居民支付能力相关，经济发达地区排位明显靠前，中西部经济欠发达地区均在后面。按城乡合计和农村的省际差距（最大值 ÷ 最小值）分别是 22.2 倍和 25.3 倍，当然，也存在某些地区及农村公办幼儿园比重大、政府财政经费充足、入园低收费甚至免费，无须当地城乡居民提高收费水平的状况，但也有特别贫困地区公民办园资源严重匮乏、政府财力和民间交费水平均很低的问题，其结论就不可能仅凭此图能精准分析出来。

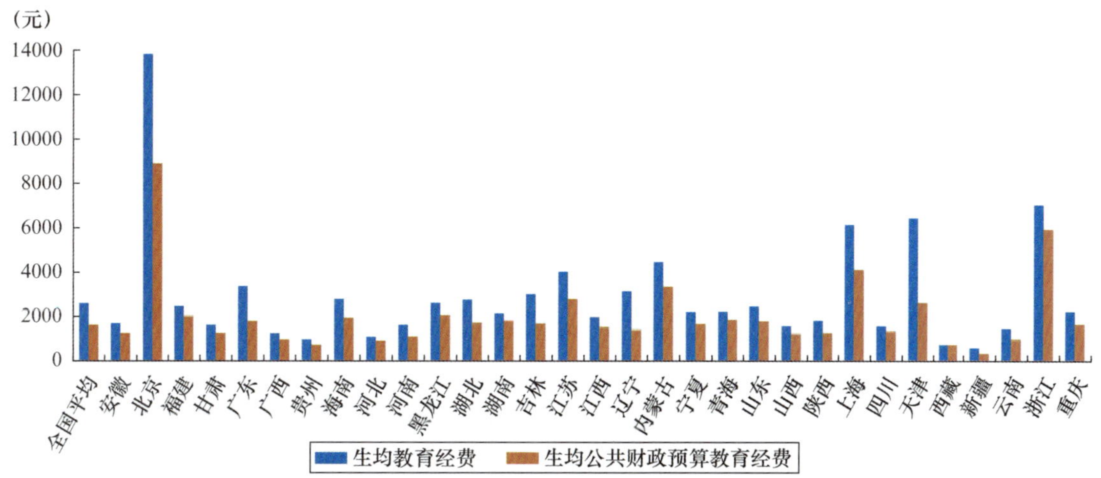

图 7.8　2014 年分省及农村幼儿园生均社会经费支出估算

资料来源：教育部财务司、国家统计局社会科技和文化产业统计司编：《中国教育经费统计年鉴·2015》，中国统计出版社 2015 年版。

（二）幼儿园资助和社会资助状况

幼儿园资助和社会资助是中国学前教育资助制度的另外两个组成部分。其中，幼儿园资助是指幼儿园从事业收入中提取 3% ~5% 的资金，用于减免收费、提供特殊困难补助等，具体比例由各地自行确定，具备一定的制度刚性。社会资助是各地建立和完善相关优惠政策，积极引导和鼓励社会团体、企事业单位及个人等捐资，帮助家庭经济困难儿童、孤儿和残疾儿童接受普惠性学前教育，不同年份总额波动幅度较大。

图 7.9 ~ 图 7.12 显示，在学前教育阶段，2013 ~2015 年间，每年制度性幼儿园资助稳定在 1.5 亿 ~1.6 亿元，社会资助则有明显波动，总体上看，西部地区受益面大于其他地区，虽然资金

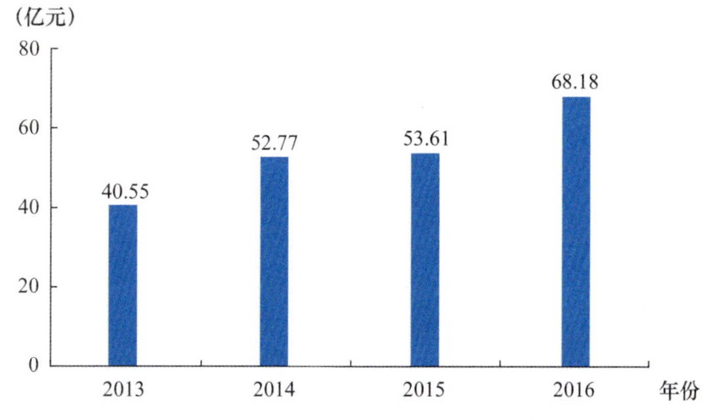

图 7.9　2013 ~2016 年全国学前教育资助总额比较

资料来源：全国学生资助管理中心：“2012 年中国学生资助发展报告”，2013 - 11 - 20；“2013 年中国学生资助发展报告”，2014 - 8 - 27；“2014 年中国学生资助发展报告”，2015 - 08 - 18；“2015 年中国学生资助发展报告”，2016 - 09 - 01；“2016 年中国学生资助发展报告”，2017 - 02 - 28。

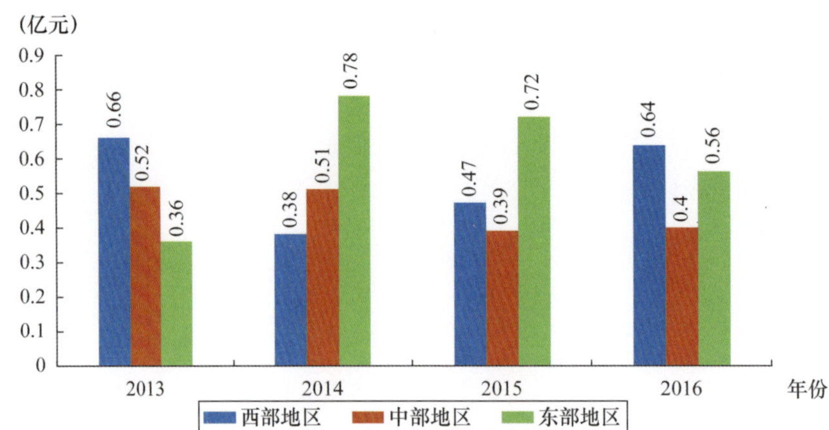

图 7.10　2013～2016 年各地区幼儿园资助额

资料来源：同图 7.9。

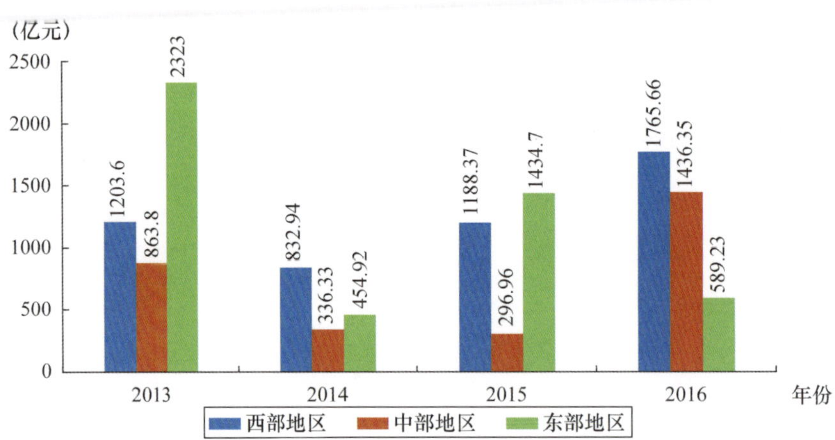

图 7.11　2013～2016 年各地区幼儿园资助额

资料来源：同图 7.9。

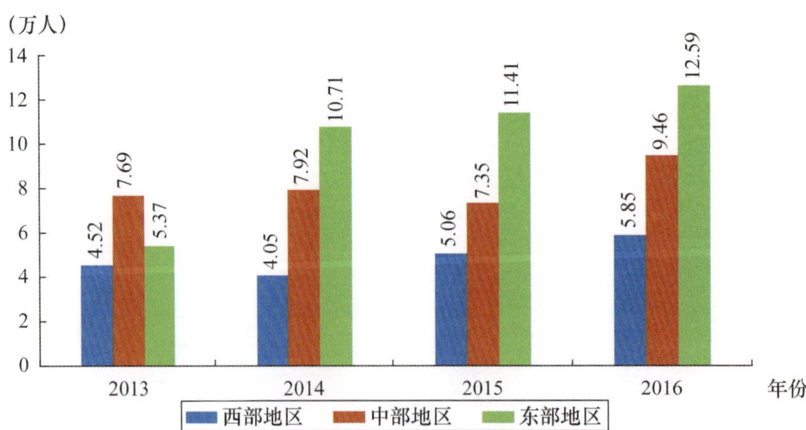

图 7.12　2013～2016 年各地区社会资助人次

资料来源：同图 7.9。

规模不大，但受益者主要是贫困地区儿童，而且与政府购买服务相结合，构成不同地区普惠性幼儿园的基础。

（三）其他社会资助项目状况

面向贫困地区儿童早期发展，社会资助项目通常以慈善或者公益性方式运作，受立项确定的有限目标和基本资源等条件所限，很难都要求在一个较长时段具有连续性，项目到期后会有终止或转型的不同选择，但也有一部分项目形成较可持续的社会公益资助平台。

1. “红十字天使计划”

这是中国红十字基金会于 2005 年 8 月以来推动的重点公益项目，其宗旨是关注贫困农民和儿童的生命与健康，广泛动员国内外社会资源，募集资金和医疗物资，资助贫困农民和儿童参加新型农村合作医疗，对患有重大疾病的贫困农民和儿童实施医疗救助，捐建农村博爱卫生院，培训农村医务人员，协助政府改善贫困乡村的医疗卫生条件。[①]

2. “出生缺陷救助试点项目”

2016 年 6 月，在国家卫生计生委的支持下，中国出生缺陷干预救助基金会启动了出生缺陷救助试点项目。项目由中央彩票公益金支持，对河北省、山西省等 12 个省（区）符合救助条件的出生缺陷患儿的诊疗提供救助，减轻患儿家庭经济负担，提高患儿生存质量。[②]

3. “山村幼儿园计划”

该计划由中国发展研究基金会 2009 年先后在青海省乐都县和云南省寻甸县启动。项目包括为 3 ~ 6 岁幼儿学提供学前教育。办法是通过“走教”方式对山区适龄幼儿进行早期启蒙教育。通过招募满足一定条件的幼教志愿者，利用村里闲置房舍资源为幼儿提供学前教育服务，保障贫困农村幼儿就近享受免费入园机会。截至 2017 年 8 月在青海、贵州、湖南等 9 个省区 17 个县共设立山村幼儿园 1800 所，招聘幼教志愿者 969 人，在园幼儿 45000 人。青海省将此经验在 15 个县推广，贵州省铜仁市实现全市覆盖，新疆阿勒泰地区在全区推广。[③]

---

① 中国红十字基金会网站（http：//new. crcf. org. cn/projects/hsztsjh. html）。

② “妇幼司联合中国出生缺陷干预救助基金会启动出生缺陷救助试点项目”，国家卫生和计划生育委员会网站，2016 - 7 - 07。

③ 参看中国发展研究基金会网站（http：//www. cdrf. org. cn/veec/）。

4. “儿童快乐家园”

这是全国妇联与中国儿童少年基金会于2014年共同推出的公益项目，为进一步深化留守儿童关爱服务工作，项目在农村乡镇、村建立“儿童快乐家园”，为留守儿童提供托管服务、家庭教育指导、心理咨询等服务；同时开展亲子视频、亲子课堂、亲子阅读、亲子游戏，以增进亲情交流，加强家庭教育科学知识宣传普及，优化留守儿童成长的家庭及社会环境。捐款标准为：每个“儿童快乐家园”项目捐建金额为10万元，由中国儿童少年基金会统一购买配置硬件设施，包括电脑、电视、图书、音乐器材、体育用品、儿童玩具等，并持续5年根据需求补充配置。[①]

5. “慧育中国项目”

这是中国发展研究基金会于2015年9月在甘肃省华池县启动的儿童早期养育试点项目[②]，试验结合牙买加家访项目及营养干预的早期干预方式，共覆盖1800名6~24个月龄的儿童。牙买加家访课程主要是对6~36个月婴幼儿的母亲或主要看护人提供入户家访，提供亲子互动、阅读、游戏、唱歌等多种形式的养育指导。每周家访一次，提高幼儿家长的养育水平，促进幼儿的健康成长。项目还对营养改善、牙买加家访以及心理刺激的效果进行跟踪评估。[③]

三、贫困地区儿童早期发展未来资金投入的测算

未来从投资儿童早期发展，促进贫困地区儿童健康成长着眼，国家尚需对贫困地区加大营养和教育方面的投入。今后，应继续巩固国家财政性经费投入的既有项目和力度，并且加强经费运行管理、更加注重实施成效。在此基础上，综合背景报告的建议，未来公共财政资金投入应主要在以下四个重点领域[④]。

——婴幼儿营养包（6~24月婴幼儿）。全国集中连片特殊困难地区680个县，需要营养补充的6~24个月儿童约有430万人，实现全覆盖每年需要财政经费16亿元。

---

① 中国妇女网（http：//www. women. org. cn/col/col161/index. html）。

② 刘蓓、刘鹏：“0~3岁儿童早期养育试点及建议”，第五届反贫困与儿童发展国际研讨会（2016年10月27~28日）资料汇编。

③ 中国发展研究基金会网站（http：//www. cdrf. org. cn/plus/view. php? aid=1903）。

④ 卢迈、杜智鑫：“中国的反贫困与儿童早期发展”，中国发展研究基金会背景报告，2016-11。

——早期养育（0～3岁幼儿）。根据第六次全国人口普查数据推算，集中连片特殊困难地区680个县约有0～3岁婴幼儿1110万人，采用家访式早期养育服务，每个孩子的成本约为3000元/人/年，一年总的早期养育服务费用大概为333亿元。

——学前教育（3～6岁儿童）。解决贫困农村儿童学前三年教育问题比较简便可行的办法，就是送教到村。集中连片特殊困难地区680个县约有10万个行政村，其中有6万个还有村级小学或教学点，只需给予资金支持，用幼教志愿者替代年龄偏大的小学老师，很快可以将原来小学化的学前班，改造成“幼教点”。另外的4万个村也可以聘用幼教志愿者，利用闲置的村小学校舍，开办幼教点。每个山村幼儿园每年需要投入5万元①，如在全国贫困地区的10万个行政村设立幼儿园，可覆盖300万贫困地区农村儿童，政府财政每年仅需投入50亿元，每个孩子投入仅需2500元。

——学前营养改善（3～6岁儿童）。根据第六次全国人口普查数据推算，集中连片特殊困难地区680个县约有3～6岁儿童1300万人，如按国家贫困地区农村学生营养改善计划的标准，对贫困地区这部分3～6岁儿童进行每天4元的营养改善补助，一年一个儿童的总费用为800元，一年总的费用为104亿元。

以上4项相加，为贫困地区0～6岁儿童提供包括营养和教育在内的初级儿童早期发展体系，年度财政投入大概为503亿元，约占2016年GDP的0.07%。这个投入对于当前政府的公共财政支出是可以承担的，也是可持续的，对于2000万0～6岁的贫困地区儿童更是值得的（见表7.8）。

表7.8　贫困地区儿童早期发展投入测算表　单位：亿元

覆盖人群	早期营养项目	早期教育项目	公共财政年度专项总计
0～3岁儿童	16	333	349
3～6岁儿童	104	50	154
总　计	120	383	503

数据来源：卢迈、杜智鑫：“中国的反贫困与儿童早期发展”，中国发展研究基金会背景报告，2016-11。

当然，集中连片特殊困难地区是全国贫困地区的重点和难点，考虑到特殊困难地区地方政府配套资金制度在实际操作过程中遇到许多困难，并执行弹性过大，在设定时段内，上述年度财政资金应由中央本级财政作为专项完全列支。对集中连片特殊困难地区以外的贫困地区，则继续完善中央和省级等地方财政按比例配套实施的制度。同时，除直接安排资金外，还要给政府购买公共服务、评估监管服务等留够空间。

① 为进一步提高质量，在山村幼儿园3万元的基础上增加2万元的志愿者补助、师资培训、营养餐和设施设备费用。

目前从整体上看，社会资金在贫困地区儿童早期发展各个领域的所占份额相对较为分散，而且年度总规模应不到同领域相近用途财政资金的1/10，其中完全出于慈善性帮扶救助的部分比例就略小一些。今后，需要考虑给予社会资金明确的导向，在贫困地区儿童早期发展领域，凡紧密跟进国家财政预算教育资金专项的社会公益资金，在政策制度以及其他方面予以特惠安排，这都需要相关政府部门与社会服务机构开展深度合作、协同推进。

四、贫困地区儿童早期发展资金的筹集与管理

贫困地区儿童早期发展，根本上取决于贫困地区现状和未来走向。根据中共中央和国务院2015年发布的关于打赢脱贫攻坚战的决定、中共十八届五中全会关于“十三五”规划的建议①，国民经济和社会发展“十三五”规划纲要强调到2020年全面建成小康社会，要确保农村贫困人口实现脱贫，“根据致贫原因和脱贫需求，对贫困人口实行分类精准扶持。通过发展特色产业、转移就业、易地扶贫搬迁、生态保护扶贫、教育培训、开展医疗保险和医疗救助等措施，实现约5000万建档立卡贫困人口脱贫；通过实行社保政策兜底，实现其余完全或部分丧失劳动能力的贫困人口脱贫。探索资产收益扶持制度，通过土地托管、扶持资金折股量化、农村土地经营权入股等方式，让贫困人口分享更多资产收益。”②

在中央政府关于打赢脱贫攻坚战的部署中，至少有三种重大举措与贫困地区儿童早期发展直接相关，现摘要引述如下。

——着力加强教育脱贫。加快实施教育扶贫工程，让贫困家庭子女都能接受公平有质量的教育，阻断贫困代际传递。国家教育经费向贫困地区、基础教育倾斜。健全学前教育资助制度，帮助农村贫困家庭幼儿接受学前教育……实施教育扶贫结对帮扶行动计划。

——开展医疗保险和医疗救助脱贫。实施健康扶贫工程，保障贫困人口享有基本医疗卫生服务，努力防止因病致贫、因病返贫。对贫困人口参加新型农村合作医疗个人缴费部分，由财政给予补贴。新型农村合作医疗和大病保险制度对贫困人口实行政策倾斜……完成贫困地区县、乡、村三级医疗卫生服务网络标准化建设，积极促进远程医疗诊治和保健咨询服务向贫困地区延伸……采取针对性措施，加强贫困地区传染病、地方病、慢性病等防治工作。全面实施贫困地区

① “中共中央、国务院关于打赢脱贫攻坚战的决定”（2015年11月29日），中国政府网。《中共中央关于制定国民经济和社会发展第十三个五年规划的建议》（2015年10月29日），新华网，2015－11－03。

② 《中华人民共和国国民经济和社会发展第十三个五年（2016－2020年）规划纲要》，新华网，2016－03－17。

儿童营养改善、新生儿疾病免费筛查、妇女“两癌”免费筛查、孕前优生健康免费检查等重大公共卫生项目。加强贫困地区计划生育服务管理工作。

——健全留守儿童、留守妇女、留守老人和残疾人关爱服务体系。对农村“三留守”人员和残疾人进行全面摸底排查，建立翔实完备、动态更新的信息管理系统。加强儿童福利院、救助保护机构、特困人员供养机构、残疾人康复托养机构、社区儿童之家等服务设施和队伍建设，不断提高管理服务水平。建立家庭、学校、基层组织、政府和社会力量相衔接的留守儿童关爱服务网络。加强对未成年人的监护。健全孤儿、事实无人抚养儿童、低收入家庭重病重残等困境儿童的福利保障体系。健全发现报告、应急处置、帮扶干预机制……对低保家庭中的老年人、未成年人、重度残疾人等重点救助对象，提高救助水平，确保基本生活。引导和鼓励社会力量参与特殊群体关爱服务工作。①

从以上文件出发，可以理解中央政府三层重要决策意图。

一是在坚持实施精准扶贫、精准脱贫，因人因地施策，提高扶贫实效的原则下，教育脱贫、医疗保险和医疗救助脱贫、农村“三留守”人员和残疾人关爱服务，是阻断贫困代际传递、防止贫困再生、破解贫困持续的基础环节，贫困地区儿童早期发展必须融入这三个环节之中。

二是更加凸显基本公共教育服务、基本公共医疗卫生服务、困难群体帮扶救助服务的普惠公益性，绝大多数纳入公共财政资金保障范围。贫困地区儿童早期发展必将高度倚重各级财政资金，只有教育领域开展扶贫结对帮扶，关爱服务特殊群体，鼓励社会参与。

三是高度重视制度建设和机制创新，所有项目计划设置、系统平台搭建均有明确的定位，行动主体的适当虚化，实际上是要求各级政府在脱贫攻坚乃至贫困地区儿童早期发展方面必须发挥主导作用，并在法定权责范围内切实到位。

为了打赢脱贫攻坚战，中央政府文件在强化政策保障，健全脱贫攻坚支撑体系时明确要求，“加大财政扶贫投入力度。发挥政府投入在扶贫开发中的主体和主导作用，积极开辟扶贫开发新的资金渠道，确保政府扶贫投入力度与脱贫攻坚任务相适应。中央财政继续加大对贫困地区的转移支付力度，中央财政专项扶贫资金规模实现较大幅度增长，一般性转移支付资金、各类涉及民生的专项转移支付资金和中央预算内投资进一步向贫困地区和贫困人口倾斜。加大中央集中彩票公益金对扶贫的支持力度……各省（自治区、直辖市）要根据本地脱贫攻坚需要，积极调整省级财政支出结构，切实加大扶贫资金投入……严格落实国家在贫困地区安排的公益性建设项目、取消县级和西部连片特困地区地市级配套资金的政策，并加大中央和省级财政投资补助比重。在扶贫开发中推广政府与社会资本合作、政府购买服务等模式。加强财政监督检查和审计、稽查等工

① “中共中央、国务院关于打赢脱贫攻坚战的决定”（2015 年 11 月 29 日），中国政府网。

作，建立扶贫资金违规使用责任追究制度……贫困地区要建立扶贫公告公示制度，强化社会监督，保障资金在阳光下运行。”[①]

上述文件提法对面向贫困地区困难群体帮扶救助的财政资金的筹措与管理原则界定得十分清楚，包括：①一般性和专项转移支付手段需要继续用好，坚持促进公平的大方向；②调整财政支出结构，理顺各级财政关系；③推广政府与社会资本合作、政府购买服务等模式，提高资金使用效率；④多方位加强扶贫财政资金运行的监督和管理。

同时，在广泛动员全社会力量，合力推进脱贫攻坚方面，中央政府文件强调“健全社会力量参与机制。鼓励支持民营企业、社会组织、个人参与扶贫开发，实现社会帮扶资源和精准扶贫有效对接……吸纳农村贫困人口就业的企业，按规定享受税收优惠、职业培训补贴等就业支持政策。落实企业和个人公益扶贫捐赠所得税税前扣除政策……通过政府购买服务等方式，鼓励各类社会组织开展到村到户精准扶贫。完善扶贫龙头企业认定制度……鼓励有条件的企业设立扶贫公益基金和开展扶贫公益信托。发挥好‘10·17’全国扶贫日社会动员作用。实施扶贫志愿者行动计划和社会工作专业人才服务贫困地区计划。着力打造扶贫公益品牌，全面及时公开扶贫捐赠信息，提高社会扶贫公信力和美誉度。构建社会扶贫信息服务网络，探索发展公益众筹扶贫”[②]。

上述文件表述则在非财政扶贫资金的筹措和管理方面明确了若干要点：①重视调动社会力量扶贫的积极性，在有关政策制度上予以优惠安排；②在支持分散化扶贫行为的基础上，更加注重有组织地协作扶贫行动；③对社会力量扶贫公益的行为，一个重要回报是社会声誉和信用水平的提升。

中央政府确定的脱贫攻坚决策意图、财政及社会资金筹措管理原则等，可以移至贫困地区儿童早期发展的过程之中，用以指导资金筹措与管理实务。中共十九大报告强调指出：“坚决打赢脱贫攻坚战。……重点攻克深度贫困地区脱贫任务，确保到2020年我国现行标准下农村贫困人口实现脱贫，贫困县全部摘帽，解决区域性整体贫困，做到脱真贫、真脱贫。”这一重大部署要求，充分彰显了全面完成预定脱贫目标任务的坚定信心，集中体现了从中央到地方在政策实施、资源配置的行动高度一致。可以预见，随着脱贫攻坚战取得决定性胜利，贫困地区必将逐渐退出历史舞台，其地区儿童早期发展也将融入当地城乡经济社会一体化发展的大格局之中。

①② “中共中央、国务院关于打赢脱贫攻坚战的决定”（2015年11月29日），中国政府网。

第八章

政策建议

儿童发展关系国家未来和民族希望，关系社会公平公正，关系亿万家庭幸福。投资一个孩子，会改变他的命运；投资一代人，会改变国家的未来。中国政府和社会应把儿童发展置于优先战略位置，积极借鉴各国有益经验，探索符合国情的儿童发展之路，努力切断贫困代际传递，为未来积累丰厚的人才和人力资本。切实保障儿童发展公平机会，确保脱贫不返贫，增进儿童福祉，促进健康发展，让每一个孩子都有机会实现个人梦想。本章就贫困地区儿童早期发展提出以下政策建议。

一、将儿童早期发展纳入国家反贫困战略

将儿童早期发展问题明确纳入国家反贫困战略的重要内容，并在实施一系列规划纲要和政策的过程中专列落实事项，尤其是增加“超常规措施”比重，如期完成《国民经济和社会发展第十三个五年规划纲要》《国家贫困地区儿童发展规划（2014－2020年）》《“十三五”脱贫攻坚规划》《教育脱贫攻坚“十三五”规划》《“十三五”卫生与健康规划》《国家教育事业发展“十三五”规划》等确立的各项预期目标，强化中央和省级政府统筹，将责任分工和任务进度切实落实到贫困地区的政府、事业单位、民间机构和社会组织等各个方面。确保到2020年集中连片特殊困难地区儿童发展整体水平基本达到或接近全国平均水平。其他基础条件较好一些的贫困地区应努力超过全国平均水平。同时考虑以2020年为基点，总结各项规划实施成效，对2030年中国贫困地区的儿童早期发展进行新的全面谋划，使财政为主支持的公共服务更好地适应贫困地区农村所有儿童的健康、营养、安全和教育需求，巩固脱贫攻坚系列成果，开辟可持续发展的新常态。

二、建立全程干预、全面保障的贫困地区儿童早期发展体系

明确建立“全程干预、全面保障”的贫困地区儿童早期发展体系的核心理念的时机在中国已经完全成熟，建议将这一体系所覆盖范围优先锁定在贫困地区0～6岁人口，相关政策实施范围以

集中连片特殊困难地区680个县为“重中之重”。同时，建议将各级政府的工作重点拓展到其他国家扶贫开发工作重点县以及所有建档立卡贫困人口（含非建档立卡的农村贫困残疾人家庭、农村低保家庭、农村特困救助供养人员）家庭的儿童。

三、政府在贫困地区儿童早期发展中发挥主导作用，鼓励家庭、社区、企业、社会组织积极参与

建议将中国贫困地区儿童早期发展涉及的各项事业，尽可能多地按照基本公共服务运行，努力保障0~6岁贫困地区儿童接受有质量的基本公共服务。强化清单管理制度和购买服务目录，切实明确政府职责，细化部门任务分工，强化政策实施监督检查，提高政策项目执行效率。今后，发挥政府更为有力的主导作用：一是统筹协调贫困地区儿童早期发展各相关政府部门的关系，增强项目区域的协同执行力，减少各自为战、分散重叠等现象，确保财政经费有效整合使用，在推进基本公共服务的行动方向和步骤上形成更大合力；二是在财政支持重大项目工程落实到基层方面，更好地运用数字化和网络管理手段，进一步健全政务公开制度，加强财政经费使用监管环节，抓紧完善相关统计指标体系；三是大力调动各方积极性，鼓励家庭、社区、企业、社会组织运用民间资源特别是社会慈善公益资金，对政府基本公共服务政策项目进行支持和补充，发扬对口支援、结对帮扶、定点赞助等优良传统，参与对政策项目实施效果的评价，促使财政经费与社会公益资金发挥更好效益，让基本公共服务资源更多惠及贫困地区儿童。

四、发放孕妇营养包，实现婴幼儿营养包全覆盖，实施幼儿园营养午餐计划，提倡纯母乳喂养

由国家卫生和计划生育委员会负责，在贫困地区落实“生命早期1000天营养行动”，为贫困地区孕产妇发放孕妇营养包，作为孕期主要的营养干预措施，与婴幼儿辅食营养包相互配合，完整覆盖“生命最初1000天”。开办“妈妈学校”，大力提倡纯母乳喂养，通过孕产妇营养理念和行为的改变，保障婴幼儿健康。

由国家卫生和计划生育委员会负责，力争在2018年在贫困地区实现婴幼儿营养包全覆盖。建

议将“贫困地区儿童营养改善项目”尽快扩展到集中连片特殊困难地区680个县，下一步扩展到其他贫困地区，如果两步并作一步则更好。

由教育部负责启动实施贫困地区幼儿园营养午餐项目。把农村义务教育阶段学生营养改善计划进一步前移覆盖至学前教育阶段儿童。中央和地方财政共同实施幼儿园营养午餐计划，优先覆盖集中连片特殊困难地区680个县3～6岁在园儿童，按照每天4元财政补贴。

五、建立家访型、家访结合中心型形式的贫困地区儿童早期养育体系

建议由国家卫生和计划生育委员会牵头为3岁以下儿童及其家庭提供早期保育和教育指导服务，加大对贫困地区儿童早期养育的投入力度。争取到2020年在贫困农村地区儿童早期养育服务能达到50%的覆盖率。在当前部分贫困县试点的基础上，由国家制定统一的婴幼儿早期养育指南，确定建立家访型、家访结合中心型多种形式的儿童早期养育体系的基本导向。通过在当地招聘具有高中及以上学历的年轻人，以及利用原计生体系人员转型来建立家访员队伍。采取多种形式宣传普及早期保教知识，建立城乡对口帮扶机制，组织专家和有经验的志愿者到边远地区开展科学早教服务，财政和社会多方资金予以支持。

六、建立可及、普惠和有质量的贫困地区学前教育体系，2020年实现“一村一幼”

由教育部负责，明确目标，到2020年，将我国学前三年教育普及率提高到90%。学前教育必须进村，政府要承担起学前教育责任，设立村级公办幼儿园，在适龄幼儿10人以上的村庄实现“一村一园”。村级幼儿园建设要合理利用已有资源。幼儿园场地可充分使用村小学闲置校舍及其他公共设施，能改造的就不拆建。就地招聘幼教志愿者解决师资问题。本地中职幼师专业的毕业生和其他专业的大专毕业生，经考试合格可聘为志愿者，入职后加强专业培训，并为其缴纳养老、医疗等保险。加大村级幼儿园建设投入。根据测算，在贫困地区的10万个行政村设立山村幼儿园，可覆盖300万贫困地区儿童，而政府财政每年只需支出50亿元，平均每个孩子仅2500元。

七、加大贫困地区儿童早期发展投入

建议自 2018 ~ 2020 年 3 年的时间里政府分期投入共计 503 亿元（约占 2016 年 GDP 的 0.07%）资金用于建立贫困地区儿童早期发展体系，2020 年后提升到将每年 0.1% 的 GDP 专门用于贫困地区儿童早期发展事业，以确保长远的脱贫不返贫。从现在到 2020 年，要加快建立健全以财政投入为主、社会力量参与、家庭合理分担的贫困地区儿童发展经费投入机制，中央和地方财政进一步加大儿童发展投入力度。发行贫困地区儿童早期发展社会债券，募集社会资金。对支持儿童发展的社会公益项目，有关部门和地方政府要加强协调支持，依法落实税收优惠政策。进一步明确中央政府和地方政府的事权和财政责任划分，完善一般性转移支付与专项转移支付相结合的方式。创建“中央政府儿童早期发展示范项目”。保持中央政府对儿童早期发展方向的引导和奖补。精准有效地使用公共财政资金，对贫困地区农村的低收入家庭、偏远地区家庭进行重点资助，通过发行服务券等方式，创新免费服务的实现方式。加大资金管理使用公开力度，接受社会监督，建立基于结果的问责制，对已经资助的集中连片特别困难地区儿童早期发展项目进行评估。

八、发挥社会组织的作用，政府购买服务

放开多数与儿童早期发展相关的基本公共服务领域，吸引社会慈善公益组织参与。积极引导各类公益组织、社会团体、企业和有关国际组织参与支持贫困地区儿童发展。探索政府购买服务。对适合市场化方式提供的事项，交由具备条件、信誉良好的群团组织、社会组织和企业等承担，并和社会公益项目有机结合，使社会福利体系有预设条件地向非基本公共服务领域延伸，从而扩大公共服务总供给水平。规范政府购买服务程序，严格政府购买服务资金管理。

九、加强贫困地区儿童早期发展的监督、评估和研究

各级政府围绕有关贫困地区儿童早期发展的各项规划、政策、项目的实施进展、质量和成效，应该建立动态监测评估机制，尤其是要着重引入信息化数据收集和分析手段，建立大数据平台，并力争纳入脱贫攻坚考核绩效体系中。对于已实施的项目则要加强评估，通过评估促进项目的效率和管理，让好的政策能有好的效果。建议使用中国儿童能力指数等测量儿童综合发展的工具来评估各地儿童发展情况，为深入研究贫困地区儿童早期发展规律提供有利条件。邀请社会组织对于政府政策项目进行评估。切实加快《中国儿童发展纲要（2011－2020年）》所要求的儿童发展综合统计制度建设。此外，儿童早期发展方面仍存在许多理论和实践上的前沿问题，需要相关研究机构和学者进行长期跟踪研究。

附表 0～6岁儿童发展的里程碑和发展警示

儿童年龄	发展里程碑	发展警示
0～1个月	○头可以从一边转向另一边 ○醒着时，目光能追随距眼睛20厘米左右的物体 ○在新生儿身边摇响铃，孩子的手脚会向中间抱紧 ○与陌生人的声音相比，婴儿更喜欢听母亲的声音 ○能分辨味道，喜欢甜味 ○对气味有感觉，当闻到难闻的气味时会转开头 ○当听到轻音乐、人的说话声时会安静下来 ○会微笑，会模仿人的表情	◎对大的声音没有反应 ◎对强烈的光线没有反应 ◎不能轻松地吸吮或吞咽 ◎身高、体重不增加
1～3个月	○俯卧时能抬头，抱坐时头稳定 ○能把小手放进嘴里，能手握手 ○喜欢看妈妈的脸，看到妈妈就高兴 ○眼睛盯着东西看 ○会笑出声，会叫，能应答性发声 ○能以不同的哭声表达不同的需要 ○喜欢让熟悉的人抱，吃奶时发出高兴的声音	◎孩子的身高、体重和头围不能逐渐增加 ◎不能对别人微笑 ◎两只眼睛不能同时跟随移动的物体 ◎不能转头找到发出声音的来源 ◎抱坐时，头不能稳定
4～6个月	○能翻身，靠着东西能坐或能独坐 ○会紧握铃铛，主动拿玩具，拿着东西就放嘴里咬 ○玩具能在两只手间交换 ○喜欢玩脚和脚指头 ○喜欢看颜色鲜艳的东西，会盯着移动的物体看 ○会大声笑，会自己发出“o”“a”等声音，喜欢别人跟他说话 ○开始认生，认识亲近的人，见生人就哭 ○会故意扔摔东西 ○喜欢与大人玩“藏猫猫”游戏 ○对周围各种东西都感兴趣 ○能区别别人说话的口气，受到批评会哭 ○有明显的害怕、焦虑、哭闹等反应	◎不会用手抓东西 ◎体重、身高不能逐渐增长 ◎不会翻身 ◎不会笑
7～9个月	○能自己坐，扶着大人或床沿能站立，扶着大人的手能走几步 ○会爬 ○能用一个玩具敲打另一个玩具 ○能用手抓东西吃，能用拇指、食指捏起细小物品 ○能发出“baba”等音 ○能听懂大人的一些话，如听到“爸爸”这个词时能把头转向爸爸 ○喜欢要人抱，会对着镜子中的自己笑 ○学拍手，能按大人的指令用手指出灯、门等常见物品等 ○大人表扬自己时有高兴的表示 ○喜欢与大人玩“藏猫猫”的游戏	◎不能用拇指和食指捏取东西 ◎对新奇的声音或不寻常的声音不感兴趣 ◎不能独坐 ◎不会吞咽菜泥、饼干等固体食物

续表

儿童年龄	发展里程碑	发展警示
10～12 个月	○长出 6～8 颗乳牙 ○能熟练地爬 ○扶着家具或别的东西能走 ○能滚皮球 ○喜欢反复拾起东西再扔掉 ○会找到藏起来的东西，喜欢玩藏东西的游戏 ○理解一些简单的指令，如拍手和“再见” ○会用面部表情、手势、单词与大人交流，如微笑、拍手、伸出一个手指表示 1 岁等，会随着音乐做动作 ○能配合大人穿脱衣服 ○会搭 1～2 块积木 ○能模仿叫“爸爸”“妈妈” ○喜欢跟小朋友一起玩	◎当快速移动的物体靠近眼睛时，不会眨眼 ◎还没有开始长牙 ◎不会模仿简单的声音 ◎不能根据简单的口令做动作，如“再见”等 ◎不能和父母、家人友好地玩
1～1 岁半	○有 8～14 颗乳牙 ○能独站、独走、蹲下再起来，会抬一只脚做踢的动作 ○走路时能推、拉或者搬运玩具 ○能玩简单的打鼓、敲瓶等音乐器械 ○能重复一些简单的声音或动作 ○能听懂和理解一些话，能说出自己的名字 ○喜欢听儿歌、故事，听大人的指令能指出书上相应的东西 ○能用一两个字表达自己的意愿 ○能从杯子中取出或放进小玩具 ○能有意识地叫“爸爸”“妈妈” ○能辨别家人的称谓和家庭里熟悉的东西 ○能认出镜子中的自己 ○能堆起 2～3 块积木 ○能自己用杯子喝水，用勺吃饭 ○能指出身体的各个部位 ○能短时间和小朋友一起玩	◎囟门仍较大 ◎不能表现多种情感：愤怒、高兴、恐惧 ◎不会爬 ◎不会独站
1 岁半～2 岁	○能向后退着走 ○能扶栏杆上下楼梯 ○在大人照顾下，能在宽的平衡木上走 ○在大人帮助下，能自己用勺吃饭 ○能踢球、扔球 ○喜爱童谣、歌曲、短故事和手指游戏 ○模仿大人，试图拉开和闭合普通的拉链 ○模仿做家务（如给干活的大人拿个小凳子，大人做面食时跟着捏） ○能手口一致说出身体各部位的名称 ○能主动表示想大小便 ○知道并运用自己的名字，如“宝宝要”	◎不会独立走路 ◎不试着讲话或者重复词语 ◎对一些常用词不理解 ◎对简单的问题，不能用“是”或“不是”回答

续表

儿童年龄	发展里程碑	发展警示
	○能自己洗手 ○会说3个字的短句 ○喜欢看书，学着大人的样子翻书 ○模仿折纸，能试图堆4~6块积木 ○能识两种颜色，能识简单形状，如圆、方块、三角等 ○喜欢玩沙、玩水 ○能认出照片上的自己，笑或用手指 ○表现出多种情感（同情、爱、不喜欢等）	
2~3岁	○乳牙出齐20颗 ○会骑三轮车，能两脚并跳，能爬攀登架，能独自绕过障碍物（如门槛） ○能用手指捏细小的物体，能解开和扣上衣服上的大纽扣，会折纸，洗手会擦干 ○能走较宽的平衡木 ○能自己上下楼梯 ○会拧开或拧紧盖子 ○能握住大的蜡笔在大纸上涂鸦 ○喜欢倒东西和装东西的活动，如玩沙、玩水 ○开始有目的地运用东西，如把一块积木当做一艘船到处推 ○能把物体进行简单的分类，如把衣服和鞋子分开 ○熟悉主要交通工具及常见动物 ○说出图画书上东西的名称 ○喜欢有人给他念书，能一页一页地翻书，并假装“读书” ○能说出6~10个词的句子，能比较准确地使用“你”“我”“他” ○脾气不稳定，没有耐心，很难等待或者轮流做事 ○喜欢“帮忙”做家务，爱模仿生活中的活动，如给玩具娃娃喂饭 ○喜欢和别的孩子一起玩，相互模仿言行	◎不能自如地走，经常会摔倒；不能在成人帮助下爬台阶 ◎不能提问题 ◎不能指着熟悉的物品并说出它的名称；不能说2~3个字的句子 ◎不能根据一个特征把熟悉的物品分类，如把吃的东西和玩具分开 ◎不喜欢和小朋友玩
3~4岁	○能交替迈步上下楼梯 ○能倒着走，能原地蹦跳 ○能短时间单脚站立 ○能画横线、竖线、圆圈 ○喜欢堆积木 ○认真听适合他年龄的故事，喜欢看书 ○认识三角形、圆形、正方形，从3~4岁，孩子将这样逐渐成长 ○至少能说出红、黄、蓝色的名称 ○能用简短的话表达自己的愿望和要求 ○问越来越多的问题，“是什么”“为什么”等 ○能简单讲述看到和发生的事情	◎听不懂别人说的话 ◎不能说出自己的名字和年龄，不能说3~4个字的句子 ◎不能自己一个人玩三四分钟 ◎不会原地跳

续表

儿童年龄	发展里程碑	发展警示
	○能记住家人的姓名、单位、电话和家庭住址等 ○能使用筷子、勺等餐具，能独立进餐 ○知道家里常用物品的位置 ○能独立穿衣 ○能按“吃的”“穿的”“用的”将物品分类 ○能用手指着东西数数 ○能与他人友好相处，懂得一些简单的规则，但常常不能坚持做 ○能参加一些简单的游戏和小组活动 ○会表达恐惧、喜欢等强烈的感觉 ○非常重视看护自己的玩具，有时会变得有侵略性，如抢玩具，把玩具藏起来	
4～5 岁	○能熟练地单脚跳 ○能沿着一条直线行走 ○能轻松地起跑、停下、绕过障碍物 ○能正确地握笔，能画出简单的图形和人物 ○能串较小的珠子 ○认识 10 以内的数 ○能按照物体的颜色、形状等特征分类并进行有规律的排列 ○能独自看懂并说出简单图画的意思 ○喜欢听有情节的故事、猜谜语 ○理解日常生活的顺序：“我早上起床，穿衣服，刷牙，然后上幼儿园” ○能回答“谁”“为什么”“多少个”等问题 ○能说比较复杂的话，如“我还没看清楚猫的颜色，它就跑过去了” ○能比较清楚地表达自己的意愿 ○能努力控制自己的情绪，不乱发脾气，但有时会因为小挫折（如搭积木无法搭成自己想要的形状）而发脾气 ○喜欢与小伙伴玩；开始有“最好”的朋友，乐于参加集体活动 ○喜欢大人的表扬，对取得的成绩很骄傲	◎无法说出自己的全名 ◎无法辨认简单的形状：圆形、正方形、三角形 ◎说出的话别人听不懂 ◎不能单脚跳跃 ◎不能独立上厕所，不能控制大小便，经常尿裤子
5～6 岁	○学习交替单脚跳 ○会翻跟头 ○能快速、熟练地骑三轮车或有轮子的玩具 ○能使用笔，能画许多形状和写简单的汉字 ○能用各种图形的材料拼图 ○能把各种各样的物体分类，能按从短到长、从小到大等顺序为物体排序 ○数数能数到 20 或 20 以上，许多孩子能数到 100	◎不能交替迈步上下楼梯 ◎不能安静地听完一个 5～7 分钟的小故事 ◎不能独立地完成一些自理技能，如刷牙、洗手等

续表

儿童年龄	发展里程碑	发展警示
	○能把时间和日常生活联系起来，如“5 点钟了，该看电视了” ○能辨认一元、五元等钱币 ○能边看图画，边讲熟悉的故事 ○能正确地转告简短的口信，能接电话 ○喜欢伙伴，经常会有一两个要好的伙伴 ○能与小朋友分享玩具、轮流玩、一起玩 ○爱参加团体游戏和活动 ○情感丰富、关心别人，尤其是对比自己年龄小的孩子、受伤的孩子和动物特别体贴 ○有更强的自我约束能力；情绪大起大落的情况减少	

资料来源：教育部、联合国儿童基金会：“0 ~6 岁儿童发展的里程碑”，2011 年。

参考文献

[1] Alla Katsnelson. 穷人家的孩子，大脑发育也会落后？. 环球科学，2016-5-5. http：//mp. weixin. qq. com/s？_ _ biz = MjM5NDA1Njg2MA = = &mid = 2651981742&idx = 1&sn = 854e8270047cab5b7eb90e3ac6078272&scene = 5&srcid = #rd

[2] Black MM.，Dewey KG.，Promoting equity through integrated early child development and nutrition interventions. Ann. N. Y. Acad. Sci. 2014：1308 89～106 DoI：10. 1111/nyas. 12351

[3] Boyce WT.，Sokolowski MB. Robinson GE. Toward a New Biology of Social Adversity . PNAS 2012：109 1714317148

[4] Butchart A，Phinney H A，Kahane T，Mian M，Furniss T，Preventing child maltreatment：a guide to action and generating evidence. Geneva：World Health Organization and International Society for Prevention of Child Abuse and Neglect.（2006）

[5] Burchinal，M.，Vandergrift，N.，Pianta，R. and Mashburn，A. 2010. Threshold analysis of association between child care quality and child outcomes for low-income children in pre-kindergarten programs. Early Childhood Research Quarterly，Vol. 25，No. 2，pp. 166～176.

[6] Carneiro，Heckman. Human Capital Policy，2003.

[7] Caspi A. Role of Genotype in the Cycle of Violence in Maltreated Children. Science. 2002；297：851～854.

[8] Chan M.，Investing in early child development：an imperative for sustainable development. Ann. N. Y. Acad. Sci. 1308（2014）vii-viii doi：10. 1111/nyas. 12376.

[9] Chen，L. J.，Yang，D. L.，& Ren，Q.（2015）. Report on the State of Children in China. Chicago：Chapin Hall at the University of Chicago.

[10] Damaio AR. Descartes' Error. 1994.

[11] Diamond M.，Janet Hopson J. Magic Trees of the Mind. 1999.

[12] Gopnik A.，Meltzoff AN.，Kuhl PK. The Scientist in the Crib . 2001.

[13] Gopnik A. Scientific Thinking in Young Children Theoretical Advances，Empirical Research，and Policy Implications. Science 2012：337 1623～1627.

[14] Hanson JL、Hair N、Shi F、Gilmore JH 等人. 家庭贫穷影响婴儿大脑的生长速度 . PLoS ONE 期刊 8（12），2013

[15] HighScope Press Release，Long-Term Study of Adults Who Received High-Quality Early Childhood Care and Education Shows Economic and Social Gains，Less Crime，http：//www. highscope. org/Content. asp？ContentId = 282.

[16] Knudsen EI，Heckman JJ，Cameron JL，Shonkoff JP，Economic neurobiological，and behavioral perspectives on building America's future workforce，PNAS. 2006；103：10155～10162.

[17] Kuhl PK.，Tsao FM. Liu HM. Foreign-language experience in infancy：Effects of short-term exposure and social interaction on phonetic learning . PNAS 2003：100：9096～9101.

[18] Lake A.，Chan M. Putting science into practice for early child development www. thelancet. com Vol 385 May 9，2015 1816～1817.

[19] Lozoff B，Jimenez E，Hagen J，et al. Poorer behavioral and developmental outcome more than 10 years after treatment for iron deficiency in infancy. Pediatrics，2000，105（4）.

[20] National Scientific Council on the Developing Child.（2005/2014）. Excessive Stress Disrupts the Architecture of the Developing Brain：Working Paper 3. Update Edition. http：//www. developing child. harvard. edu.

[21] Nelson CA. Fox SE. Levitt P.，How the Timing and Quality of Early Experiences Influence the Development of Brain Architecture. Child Dev. 2010；81（1）：28～40.

[22] NYAS，Shaping the Developing Brain：Prenatal through Early Childhood. Fifth Annual Aspen Brain Forum，2014 Nov. 11～13.

[23] Schechter DS. , Perspectives : The Developmental Neuroscience of Emotional Neglect, Its Consequences, and the Psychosocial Interventions That Can Reverse Them. 2012 169 452 ~454.

[24] Sharda M, Foster NEV, Hyde KL, Imaging Brain Development: Benefiting from individual Variability. Journal of Experimental Neuroscience. 2015; 9 (Suppl 1): 11 ~18

[25] Shonkoff JP. , Phillips DA. Editors. From Neurons to Neighborhoods: The Science of Early Child Development , NAS 2000.

[26] Spelke ES. Jean-Nicod Lectures. French National Center for Scientific Research. 2009.

[27] Theodore D. Wachs TD. , Georgieff M. , Cusick S. , McEwen BS. Issues in the timing of integrated early interventions: contributions from nutrition, neuroscience, andpsychological research. Ann. N. Y. Acad. Sci. 1308 (2014) 89 ~106.

[28] Thompson, R. A. , and C. A. Nelson. 2001. Developmental Science and the Media: Early Brain Development. American Psychologist 56 (1): 5 ~15.

[29] UNESCO, 2015, Education 2030: Incheon Declaration and Framework for Action——Towards inclusive and equitable quality education and lifelong learning for all

[30] UNICEF and WHO. Guidance note for integrating ECD Activities into Nutrition Programmes in Emergencies Why, What and How. 2010 21. Stephens MA. , Wand G. , Stress and the HPA Axis Role of Glucocorticoids in Alcohol Dependence. Alcohol Res. 2012, 34 (4): 468 ~483.

[31] Walker S P, Wachs T D, Gardner J M, et al. Child development: risk factors for adverse outcomes in developing countries. The lancet, 2007, 369 (9556): 145 ~157.

[32] Wiesel TN, Hubel DH. Single-cell responses in striate cortex of kittens deprived of vision in one eye. Journal of Neurophysiology. 1963, 26: 1003 ~1017.

[33] Wiesel TN, Hubel DH. Extent of recovery from the effects of visual deprivation in kittens. Journal of Neurophysiology. 1965, 28: 1060 ~1072.

[34] 财新网 . 斯坦福研究：中国西部农村贫困地区婴儿智力偏低 . http://companies. caixin. com/2016 -10 -17/100997594. html

[35] 财新网 . 4000 万贫困地区儿童待干预 政策须与窗口期赛跑 . http://china. caixin. com/2016 -10 -29/101001871. html

[36] 财新网 . 新调研：贫困农村中留守儿童成绩更好，http://china. caixin. com/2016 -10 -17/100997797. html

[37] 曹艳，武志平 . 3 ~5 岁农村学前教育及建议——服务最底层 20% 儿童的山村幼儿园计划 . 第五届反贫困与儿童发展国际研讨会资料汇编

[38] 陈春明 . 婴幼儿辅食喂养营养补充品——“营养包（YYB）”的生成与应用发展 . 载中国发展研究基金会 . 反贫困与儿童发展 . 内部刊物，2013 年 7 月

[39] 陈春明，何武，王玉英等 . 青海省乐都县社会公平项目实施 20 个月后营养保障效果 . 2011 年 9 月；中国发展研究基金会 . “贫困地区儿童早期发展”项目 2011 年 5 月中期评估调查

[40] 陈志钢等 . 建立营养导向的中国粮食安全发展战略 . 2016

[41] 杜智鑫 . 牙买加家访项目及其拓展 . 研究参考，2014 年第 13 号

[42] 杜智鑫，郝志荣，杨修娜 . 6 ~24 月儿童营养包项目效果评估及建议 . 第五届反贫困与儿童发展国际研讨会资料汇编

[43] 泛美开发银行 . 早期：儿童福祉与公共政策 . 2016

[44] 泛美开发银行 . 幼年时期：儿童幸福与公共政策的作用 . 第五届反贫困与儿童发展国际研讨会资料汇编

[45] 方建锋 . 贫困地区学前教育现状及政策建议 . 中国发展研究基金会背景报告，2016 -11

[46] 妇幼司联合中国出生缺陷干预救助基金会启动出生缺陷救助试点项目 . 国家卫生和计划生育委员会网站，2016 -7 -7

[47] 贵州省民族地区学前教育发展困境与策略研究——基于松桃县学前教育规模与结构的实证研究 . 职大学报，2014 (2)

[48] 国家发展改革委关于开展政府和社会资本合作的指导意见 . 2014 -12 -2，http://www. sdpc. gov. cn/gzdt/201412/t20141204_651014. html

[49] 国家统计局 . 2013 年《中国妇女发展纲要（2011 -2020 年）》实施情况统计报告 . http://www. stats. gov. cn/tjsj/zxfb/201501/t20150122_672472. html，2013

[50] 国家统计局 . 中国儿童人口状况——事实与数据 2013. 2014

[51] 国家统计局 . 中国儿童发展纲要（2011 -2020 年）中期统计监测报告 . 2016

[52] 国家统计局 . 2010 年第六次全国人口普查主要数据公报（第 1 号）. 2011

[53] 中国网 . 国家卫计委就我国第五次儿童体格发育调查结果举行发布会 . http://www. gov. cn/xinwen/2016 -06/08/content_5080561. htm

[54] 国家卫生和计划生育委员会 . 卫生计生委发布贫困地区儿童营养改善项目实施情况 . 2014

[55] 国家卫生计生委．关于印发2014年贫困地区儿童营养改善项目方案的通知（国卫办妇幼函〔2014〕1076号）．2014－12－01，http：//www. nhfpc. gov. cn/fys/s3585/201411/254523446f9241a3a3553e19dec77421. shtml
[56] 国家卫生计生委统计信息中心．第五次国家卫生服务调查分析报告．2015
[57] 国家卫生计生委统计信息中心．2013第五次国家卫生服务调查分析报告．2015
[58] 国务院办公厅关于印发国家贫困地区儿童发展规划（2014—2020年）的通知（国办发〔2014〕67号）．2014－12－25
[59] 国务院关于印发"十三五"脱贫攻坚规划的通知（国发〔2016〕64号）．2016－11－23，中国政府网
[60] 国务院关于印发"十三五"卫生与健康规划的通知（国发〔2016〕77号）．2016－12－27，中国政府网
[61] 国务院关于印发国家教育事业发展"十三五"规划的通知（国发〔2017〕4号）．2017－01－10，中国政府网
[62] 国务院关于创新重点领域投融资机制鼓励社会投资的指导意见，2014－11－16，http：//www. gov. cn/gongbao/content/2014/content_ 2786819. htm
[63] 郝波等．健康教育对贫困农村母亲养育行为影响的效果评价．中国妇幼保健，2006年第21卷第3期，第310～313页
[64] 何武，陈春明，常素英．中国儿童营养状况15年变化分析——进城打工妇女的儿童营养状况．卫生研究，2007（2）
[65] 华中师范大学中国农村研究院．莫让留守儿童成为社会之痛——基于全国27省140个村434个留守儿童家庭的调查与研究．2016
[66] 霍军生．中国贫困地区0－6岁儿童发展情况．中国发展研究基金会背景报告，2016－11
[67] 教育部．专家监测显示：2013年农村义务教育学生营养改善计划取得五方面显著成效．2014，http：//www. moe. edu. cn/publicfiles/business/htmlfiles/moe/s5987/201403/164834. html
[68] 教育部．《国家中长期教育改革和发展规划纲要》中期评估——学前教育专题评估报告．2015
[69] 教育部等六部门关于印发《教育脱贫攻坚"十三五"规划》的通知（教发〔2016〕18号）．2016－12－16，教育部网站
[70] 教育部，国家统计局，财政部．关于2015年全国教育经费执行情况统计公告．http：//moe. gov. cn/srcsite/A05/s3040/201611/t20161110_ 288422. html
[71] 朱之文．扎实推进教育脱贫，着力阻断贫困代际传递．载中共中央组织部干部教育局等．精准扶贫、精准脱贫：打赢脱贫攻坚战辅导读本．北京：党建读物出版社，2016
[72] 金星明等．贫困农村实施"关注儿童早期发育"项目的可行性研究．中华医学杂志，2005，85（26）：1816～1819
[73] 李曼丽，刘东梅等．中国贫困地区2～5岁儿童贫血患病现状及家长喂养行为的影响因素分析．卫生研究，2011（2）
[74] 李绍平．3－5岁儿童早期发展状况及建议．第五届反贫困与儿童发展国际研讨会资料汇编
[75] 联合国儿童基金会驻中办事处、国务院妇女工作委员会办公室、国家统计局社会和科技文化统计司．中国儿童发展指标图集（2014年修订版）．2014
[76] 联合国开发计划署．2014人类发展报告．2014
[77] 联合国儿童基金会．培育更好的大脑：儿童早期发展新前沿．2015
[78] 联合国儿童基金会．将儿童置于首位：加快实现可持续发展目标．2016
[79] 联合国儿童基金会．多指标类集调查．http：//mics. unicef. org
[80] 联合国儿童基金会．"营养包"的故事．2015
[81] 梁晓燕，傅予，张亦男．挑战和机遇：云南学前教育研究．上海：上海教育出版社，2014
[82] 刘蓓，刘鹏．0～3岁儿童早期养育试点及建议．第五届反贫困与儿童发展国际研讨会资料汇编
[83]《柳叶刀》杂志．促进儿童早期发展：从科学理论到推广普及（2016）．第五届反贫困与儿童发展国际研讨会资料汇编
[84] 卢迈，杜智鑫．中国的反贫困与儿童早期发展．中国发展研究基金会背景报告，2016－11
[85] 卢迈，杜智鑫，曹艳．普及学前教育要"进村"．中国经济时报，2014－01－06
[86] 罗英智主编．区域学前教育多元化发展模式研究．沈阳：辽宁人民出版社，2015
[87]［美］N. G. 曼昆．经济学原理．北京：三联书店、北京大学出版社，1999
[88]［美］R. W. 鲍德威，D. E. 威迪逊．公共部门经济学．北京：中国人民大学出版社，2000
[89]［美］苏珊·纽曼著．李敏谊，霍力岩主译．学前教育改革与国家反贫困策略——美国的经验．北京：教育科学出版社，2011
[90] 庞丽娟．贫困地区"入园难"如何破解．人民日报，2016－03－17
[91] 平措旺堆，曹骁勇．区域教育均衡视野下西藏民族地区学前教育质量探究——以西藏亚东县学前教育为例．西藏教育，2016（6）
[92] 全国妇联课题组．我国农村留守儿童、城乡流动儿童状况研究报告．2013
[93] 三部委联手规范政府购买服务．人民日报海外版，2015－01－07
[94] 上学路上儿童心理关爱中心．中国留守儿童心灵状况白皮书（2015年）．2015
[95] 佘宇，张冰子．适宜开端：构建0～3岁婴幼儿早期发展服务体系研究．北京：中国发展出版社，2016

[96] 世界银行东亚及太平洋地区人类发展部，国家人口计生委培训交流中心．中国的儿童早期发展与教育：打破贫困的代际传递与改善未来竞争力．北京：中国人口出版社，2011
[97] 宋映泉．关于建立成本分担机制促进学前教育健康发展的政策建议．中国教育财政，2016－12－01
[98] 孙艳艳．0～3岁儿童早期发展家庭政策与公共服务探索．社会科学，2015（10）
[99] 王莉．西部儿童发展状况报告．中国发展研究基金会背景报告，2016－11
[100] 王莉．西部儿童发展状况报告（背景报告）．2016
[101] 王丽娟等．汶川大地震后3个月四川省北川和理县6～23月龄婴幼儿的营养状况．中华预防医学杂志，2010（44）
[102] 王震．农村地区母亲就业对儿童营养状况的影响．中国人口科学，2013（1）
[103] 王振耀．贫困地区儿童早期发展与治理．
[104] 卫生部．中国0－6岁儿童营养发展报告（2012）．2012
[105] 卫生计生委．全国贫困地区儿童营养改善项目实施情况．http：//www. nhfpc. gov. cn/fys/s3586/201402/26a0ee6c486542fb8212053ba446c013. shtml
[106] 韦钰．脑的功能回路．中国科技教育《脑科学与科学教育专栏》，2014（7）
[107] 西藏学前教育的发展现状、问题与对策．西藏大学学报，2012（12）
[108] “消除婴幼儿贫血行动”简介．中国妇女网，http：//www. women. org. cn/col/col156/index. html
[109] 徐水晶．贫困者的社会流动瓶颈——教育差异与自我淘汰．学术界，2016（9）
[110] 杨一鸣．投资于儿童营养改善，确保中国儿童早期营养干预的质量．载于王梦奎主编．反贫困与中国儿童发展．北京：中国发展出版社，2013
[111] 俞建拖，李实等．中国的儿童贫困：现状与对策．第四届反贫困与儿童发展国际研讨会背景报告，2015
[112] 袁贵仁．全面深化综合改革　全面加强依法治教　加快推进教育现代化——袁贵仁部长在2015年全国教育工作会议上的讲话．2015，http：//www. moe. edu. cn/publicfiles/business/htmlfiles/moe/moe_ 176/201502/183984. html
[113] 赵丽云等．2006年中国儿童与孕产妇营养健康状况调查结果分析．卫生研究，2008（37）
[114] 张力．教育强国战略．学习出版社・海南出版社，2012
[115] 张力．服务属性的分化及公共服务供给．中国机构改革与管理，2016（1）
[116] 中共中央、国务院关于打赢脱贫攻坚战的决定（2015年11月29日）．中国政府网；中共中央关于制定国民经济和社会发展第十三个五年规划的建议（2015年10月29日）．新华网 2015－11－03
[117] 郑富芝．学前教育改革发展的下一步工作思路．http：//www. preschool. net. cn/html/2016－12－12/n－106298. html
[118] 中国残联贫困残疾儿童抢救性康复项目实施方案．2011－04－02，http：//www. cdpf. org. cn/ywzz/kf_ 211/cjrkfxm/201104/t20110402_ 27695. shtml
[119] 中国儿童发展纲要（2011－2020年）（国发〔2011〕24号）．2011－07－30，中国政府网
[120] 中国儿童福利示范项目协调办公室，北京师范大学中国公益研究院儿童福利研究中心．中国儿童福利示范项目中期评估报告．2013
[121] 王梦奎主编．反贫困与中国儿童发展．北京：中国发展出版社，2013
[122] 中国发展研究基金会．山村幼儿园效果评估报告．2015
[123] 中国发展研究基金会．“慧育中国”课题组基线测试报告．2015
[124] 中国发展研究基金会．反贫困与儿童发展：从科学到实践．2016年11月
[125] 中国疾病预防控制中心营养与健康所．中国居民营养与慢病状况（2010－2013）．北京：卫生出版社，2015
[126] 中国疾病预防控制中心营养与健康所．贫困地区儿童营养改善项目监测报告（2015－2016）．2016
[127] 中共中央关于全面深化改革若干重大问题的决定．新华社电，2013－11－15
[128] 中共中央、国务院关于打赢脱贫攻坚战的决定（2015年11月29日）．中国政府网
[129] 中共中央、国务院印发“‘健康中国2030’规划纲要”．2016－10－25，中国政府网
[130] 中共中央关于制定国民经济和社会发展第十三个五年规划的建议．新华网，2015－11－03
[131] 中华人民共和国国民经济和社会发展第十三个五年（2016－2020年）规划纲要．新华网，2016－03－17
[132] 朱宗涵．儿童早期发展学科进展的启示．中国儿童保健杂志，2008（1）
[133] 朱宗涵，徐海青．儿童早期发展总论．北京：人民卫生出版社，2014